# 史说长安

## 上古周秦卷

萧正洪 主编
王向辉 著

西安出版社

图书在版编目（CIP）数据

史说长安. 上古周秦卷 / 王向辉著. -- 西安 : 西安出版社, 2018.5（2021.4重印）
ISBN 978-7-5541-3070-4

Ⅰ. ①史… Ⅱ. ①王… Ⅲ. ①西安—地方史—研究—上古②西安—地方史—研究—周代③西安—地方史—研究—秦代 Ⅳ. ①K294.11

中国版本图书馆CIP数据核字(2018)第085971号

# 史说长安·上古周秦卷

SHISHUO CHANG'AN·SHANGGUZHOUQIN JUAN

| 主　　编： | 萧正洪 |
|---|---|
| 著　　者： | 王向辉 |
| 统筹策划： | 范婷婷 |
| 责任编辑： | 张增兰　邢美芳 |
| 责任校对： | 张忝甜　王玉民 |
| 装帧设计： | 梅月兰　廖华英 |
| 责任印制： | 宋丽娟 |
| 出版发行： | 西安出版社 |
| 地　　址： | 西安曲江新区雁南五路1868号影视演艺大厦11层 |
| 电　　话： | （029）85253740 |
| 邮政编码： | 710061 |
| 印　　刷： | 永清县晔盛亚胶印有限公司 |
| 开　　本： | 889mm×1194mm　1/32 |
| 印　　张： | 6.75 |
| 字　　数： | 125千 |
| 版　　次： | 2018年5月第1版 |
| 印　　次： | 2021年4月第2次印刷 |
| 书　　号： | ISBN 978-7-5541-3070-4 |
| 定　　价： | 48.00元 |

读者购书、书店添货或发现印装质量问题，请与本公司营销部联系、调换。
电话：（029）68206213　68206222

# 序言

2018年是一个值得纪念的时间。

隋大业十三年（617年）五月，太原留守李渊起兵，七月进军关中，十一月攻占长安。次年五月，李渊代隋称帝，国号唐，改元武德，以长安为都城。这个在中国历史上影响重大的事件，到2018年恰好1400周年。当然，我们还可以由此上溯和下延，去寻找更多的重要的历史时刻。如果阅读史书，我们不难发现，在中国漫长的历史发展过程中，有许许多多杰出的人物、重要的制度和事件，都同长安（西安）有关，而李唐的建立，不过是其中一个事件而已，尽管后来的历史证明，它成了一个新时期的起点。事实上，自3100年前周文王、武王在沣水之畔建立都城丰、镐以来，在关中这个不算太大的地域里，发生过无数类似唐朝建国这样的能够从不同侧面体现文明进步的令人激动的故事。了解这些故事，一定可以令今人有所感悟。我们可以据之从一般意义上认识人类文明发展历程之艰辛曲折，亦能培养对如黄河、长江般源远流长的中国传统文化的特殊情感。

当然，无论以中国还是世界论，能够起到类似的历史与文化认知作用的地方不少。不过，长安还是有其特别之处。细究起来，从西周丰、镐到秦咸阳，汉、隋、唐的长安，再到明、清的西安，斗转星移，波谲云诡，其历程不可谓不曲折，而其文化内涵亦随时代演进而屡有变化，但总体而言，仍是相沿相袭，其因长期积累而形成的历史传统堪称根基深厚而且特色鲜明。中国历史上曾经做过都城或者发生过重要历史事件的地方多矣，但如长安这样传承既久、影响至大的，却也并不多见。

毫无疑问，长安作为历史上最具盛名的都城，其特色鲜明、内涵丰富，世所公认。即便从世界范围看，能够与之媲美的，亦为数不多。古代长安曾经集中了中国文化的精华，或者说，曾经是中华文化的典型代表。无论是其思想内容，还是其表达形式，皆堪称典范。要理解中国的历史及其同世界其他地区文明的关系，特别是解读中国制度文化的历史，离开了长安这座伟大的城市，恐怕很难找到正解。我们完全可以说，在当代中国，地理位置居中的西安，其实是理解中国传统与文化的一把钥匙。同时，长安在唐代以后的衰落，也提供了一个曲折发展历程的样本，其历史经验与教训足令后人沉思：如何适应新时代的挑战，以充满自信地保持自身的光荣与梦想？

这个光荣与梦想并不只是基于物质方面的表现。近代以来，随着社会的变迁，长安文化在许多人看来不过是一种久远的历史存在，光荣与梦想似乎只存在于记忆之中。国人和世界都不会不注意到古代关中的文化遗存。半坡的人面鱼纹彩陶盆、汉唐时代伟大的城垣和宏大的城市格局、博物馆里的金银器、分布于各处的帝王陵墓等等，都是人类极其宝贵的物质文化遗产。这些物质文化遗产当然是非常重要的，因为它代表了不同时代文明进程之中的璀璨与辉煌。不过，若我们仅仅重视这些多少属于外部性的表现，就可能失去对于内涵的准确理解，以至于偏离历史的本质。所以，我们也需要特别地重视长安文化的精神与气质。我们知道，历史上所有伟大的城市之所以千古留名，从根本上说，是因为其体现了某种足以反映时代特征的伟大思想和精神。我们说起长安，就会情不自禁地联想到汉唐气象，这说明长安具有有别于其他古代城市的特殊精神气质。而其空间格局和建筑的样式等等，在某种意义上说，只不过是其思想与精神气质的外在表现，是思想与精神气质的物化。

基于这样的认识，我们应当能够清晰地看到长安以及围绕其所发生的历史所体现出的特定思维方式、行为方式和时代特征。而本丛书，即是以时代为依据，试图从空间与时间两个方面，对长安及其相关的历史予以说明与解释。显然，长安作为历史文化的样本与典范，其意义包含了形而下和形而上，亦即物质与精神两个层面，本丛书的作者努力将这两个层面结合起来。一方面，作者以流畅而生动的语言，讲述了一系列引人入胜的故事；另一方面，揭示了内隐于历史过程之中的精神与文化特征。前者如一幅幅画卷，既有浓墨重彩，亦有意象白描；后者则如静夜之思，往往令人掩卷长息而感慨万千。我们从中能够看到，长安的历史演进所展现出的守正兼和的文化态度、推陈出新的制度性创设、持久的进取心、与时俱进的变革观念、立意高远的思维境界、具有宏大视野的文化包容气度，以及高标格的人文气质与精神，而并不总是萎靡不振和因循守旧，尽管这些特点也是王朝时代文化必然具有的重要属性，亦需要我们在阅读之中予以深刻的反思。

长安的历史进程还有一个重要的特点。正如我在前面已经提及的，它曾经在1000余年中作为王朝的都城而具有显赫的地位。可是，唐代以后，由于中国社会政治和经济的地理格局发生了重大改变，长安的命运由此中衰。在中国历史上，一个重要的城市长期繁荣且是全国的政治、经济、文化中心，甚至具有显著的国际影响力，后来竟然一蹶不振，陷入长期的落后境地，这种变化的轨迹是非常罕见的。明清时期，西安虽然也是西北重镇，但毕竟不同以往了。本丛书的作者也试图就此提出一些可资借鉴的思考。如果说，西安曾经经历了无可奈何花落去的旧日时光,那么今天,在新的时代中,那似曾相识的春燕如何能再次归来?

本丛书是为大众而写,但又基于较为严谨的学术思考。所以,作者们一方面力求语言生动,使作品具有较强的可读性;另一方面试图提出自己对于历史的独特认识,以解释历史发展的规律与社会变革的内在机制。由于各卷的作者思考各有特点,所以,各卷的风格与思考的角度亦颇有个性。这样的特点,似乎也有好处,因为它可以让阅读过程充满变化。在我看来,这倒也同历史过程相合,因为历史本身就是一个多元文化交汇而丰富多彩的进程。

值此《史说长安》丛书付梓之际,写此数语,以代序言。

萧正洪
(中国古都学会会长)
2017年12月20日

## 第三章 文武之道，礼乐盛世

四 不显哉，文王谟——周文王的功业 … 040

五 丕承哉，武王烈——周武王伐纣灭商 … 046

六 镐京辟雍，四方攸同——都城镐京的建设 … 051

七 梦见周公——制礼作乐 … 055

一 昭王南巡——西周中期对南土的经营 … 063

二 穆王西游——西周中期对西域的探险 … 066

三 国人暴动——周人的民主革命 … 069

四 宣王中兴——西周衰亡前的回光返照 … 073

五 骊山烽火——西周的灭亡 … 075

# 目录

## 第一章 康阜咸宁,唯斯盛地

一 神州沃土——长安的地理条件 003
二 蓝田日暖——最早的长安居民 007
三 半坡如画——长安城市的发端 011
四 姜寨炊烟——长安文明的曙光 016
五 炎黄二帝——中国的人文初祖 020

## 第二章 周虽旧邦,其命维新

一 『苟日新,日日新』与《周易》——周人的革命观 027
二 后稷在邰——周人祖先的故事 030
三 周原膴膴——周人崛起的圣地 034

## 第五章 六合一统,受命于天

一 席卷天下——秦始皇的统一战争 145
二 岐黄之术——秦国先进的医疗技术 152
三 千古一帝——秦始皇帝 157
四 焚书坑儒——秦始皇的文化暴政 166
五 冥世绝唱——秦始皇陵墓与兵马俑 172

结语 201

## 第四章 西陲崛起，一路东进

一 东进序曲——早期秦国的发展 095
二 广地千里——秦穆公称霸西戎 102
三 献公当政——秦献公的改革 107
四 商鞅革新——秦孝公、商鞅的变法 115
五 合纵连横——商鞅之后秦国的继续发展 133

六 盛世吉金——西周的青铜时代 080
七 老子西行——春秋道家思想的出现 083
八 文思无邪——《诗经》中的长安 087

# 第一章 康阜咸宁,唯斯盛地

长安,今称西安,是著名的古都,东方文明的坐标之城,中华民族发展史上的周秦汉唐盛世都建都于此。长安是中国最早的大城市,也代表着东方文明的第一缕曙光,如果要寻找中国开始的地方,就必须认识这座城市,与这座城市倾心相约。

# 一、神州沃土
## ——长安的地理条件

"康阜咸宁,唯斯盛地。"用这句话描述长安,虽有更多文学意味,但是从历史的角度而言也是恰如其分的。

《史记·刘敬叔孙通列传》中,娄敬(即刘敬)向汉高祖刘邦阐述长安作为帝都的巨大地理优势时说,关中高山被覆,黄河环绕,有如险要关塞作为坚固防线,即使突发危急情况,百万雄兵也可备一战作为应对。这里有秦国经营的基础,又有肥沃的土地,是形势险要、物产丰饶的"天府"之地。如果进入函谷关把都城建在这里,即使山东地区发生祸乱,秦国原有的地方也是可保全的。我们与别人搏斗的时候,只有掐住他的咽喉,击打他的后背,才可能完全获胜。如果进入函谷关内建都，控制秦国原有的地区，等于掐住了天下的咽喉并击打它的后背。

这个西汉初期的卓越政治家的短短几句话，就让我们对长安城居高临下、提纲挈领的地缘战略优势了然于胸了。

张良也赞同娄敬的提议，他告诉刘邦，关中地区东有崤山、函谷关，西有陇山、蜀地的岷山，沃野千里，南有巴、蜀的富饶资源，北有胡地草场畜牧的地利。倚仗三面险要的地形防守，只用东方一面来控制诸侯。倘若诸侯安定，即可通过黄河、渭河水路转运天下的粮食，西上供给京都；如若诸侯发生变故，也可顺流而下，足以转运物资。这就是所谓的"金城千里，天府之国"啊！

刘邦听罢拍案叫绝，当天就起驾动身向西进发，从此将汉鼎定于长安。

在长期的陆地帝国时代，位于帝国之中心的长安，一向风调雨顺。"得关中者得天下"，长安是再适合不过的帝都所在。

长安地处关中平原，这里长期被视为"金城千里，天府之国"，拥有得天独厚的地理条件。俗谚的"八百里秦川"，是说关中为一片广袤富饶的土地。这里属于温带季风气候，夏季高温多雨，冬季则寒冷干燥；地形以平原和台地为主。关中一直是中国北方重要的产粮基地。关中为平原，南倚秦岭，北界北山，介于陕北高原与秦岭山地之间；西起宝鸡峡，东迄潼关口，东西长约360千米，呈东西走向，西窄东宽；总面积约39064.5平方千米。

关中平原基本是由河流冲积和黄土堆积形成，地势平坦，土质肥沃，水源丰富，是西北自然条件最好的一方沃土。由秦岭北麓向关中平原缓缓倾斜，如岐山的五丈原，西安以南的神禾原、少陵原、白鹿原，渭南的阳郭原，华县的高塬原，华阴的孟原等，都是自古以来的主要农业生产基地。

古往今来，凡是"长安学"方面的著作，无不将长安风貌视为学理根基。长安这片"神州沃土"，《尚书·禹贡》称之为"其土上上"。农业生产一直决定着先民的生存和繁衍，因此土地肥沃自然是先民选择的首要条件，重农主义自然而然成为中华文化道统的鲜明特点。如《礼记·王制》就说，一个国家没有9年的（粮食）储存，可以称为储备不充足；没有6年的储粮，可以说情况紧急；连3年的储粮都没有，可以说这个国家随时会落入敌手。3年耕作应确保有够吃1年的食物；9年耕作应确保有够吃3年的食物；凭借着30年的政通人和，即使发生干旱歉收、洪水泛滥的情况，人民也不会饿得满脸菜色。只有这样，天子才可以高枕无忧，享受生活。

我国自大禹善政养民及《洪范》农用八政，食货为先，重农足食，遂为历代国家建设施政之纲要。国用所资，私人所需，无不依赖农业生产。

农村社会和农民，乃是我国历史上基本的社会组织和社会力量，也是国家生存发展的生命线。农村社会之安定，系于农业经济之荣枯；而农业经济之荣枯，则又系于农作物收获之丰歉。在主要靠天吃饭的历史时期，重要农作物如黍、稻、粱、丝、麻、粟、帛，都受到自然环境的决定性影响。

粮食生产作为先民延续生命的第一要务，它需要土壤、气候、丰沛的降水，而关中平原在这几方面都较为理想。因此长安这"天赐的厚土"，自然成为先民得以生生不息的福盛之地。

## 二、蓝田日暖
## ——最早的长安居民

蓝田人在西安市蓝田县境内被发现,他们大概是最早的长安居民了。

西安东南约45千米的蓝田县,地处关中平原东南、秦岭北麓,灞水横穿县境,这里植被丰茂,生态条件良好,蓝田更是以盛产美玉而闻名天下。历史上,文人墨客在蓝田这片土地上留下了大量的人文胜迹,李商隐在这里有"蓝田日暖玉生烟"的名句广为传唱,文豪韩愈也曾在这块土地慨叹"云横秦岭家何在,雪拥蓝关马不前",悟真寺有净土宗祖师善导驻锡,水陆庵因举世无双的壁画雕塑而享有盛誉,东汉蔡邕的别墅和才女蔡文姬的陵墓也在斯地。唐时"诗圣"杜甫在到蓝田姓崔的朋友家做客时,写下了"蓝水远从千涧落,玉山高并两峰寒"的优美诗句，"戊戌六君子"之一的谭嗣同也在蓝田留下了"绿雨浓烟山四围，水田千顷画僧衣。我来亦有家园感，一岭梨花似雪飞"的咏叹。唐代大诗人王维在这里建辋川别墅，其《辋川集》可谓是对如诗如画的蓝田最佳的代言。

蓝田处于京畿重地，历史上许多重大事件都与此地息息相关。刘邦经蓝田而入关中，其后发生了著名的鸿门宴；唐朝末年的黄巢起义军，也曾屯驻蓝田，在此秣马厉兵，才攻占京师长安；明末的闯王李自成率兵入商州躲避明军围剿，也曾暂歇于蓝田，最终才得以东山再起。在近现代史上，鄂豫陕革命根据地指挥机关就设在蓝田的葛牌镇；关中第一个苏维埃革命政权也是在这里诞生并成长起来的。

正是在衣冠文物荟萃、豪杰名士云集、如诗如画的蓝田，有西安地区最早的居民——蓝田人。

1963年的炎炎夏日，中国科学院古脊椎动物与古人类研究所的野外考察队在蓝田地区进行新生代地质调查。考察队首先在蓝田县城西北10千米处的泄湖镇陈家窝发掘出一枚猿人的下颌骨化石，其后又在东南15千米灞河南岸的公王岭上发现了猿人牙齿化石，并发掘出一块猿人头盖骨化石。

据科学检测，公王岭的头盖骨化石距今有110万—100万年，陈家窝的下颌骨化石距今也有90万年左右。

其后这组化石被学界命名为"蓝田中国猿人",一般简称"蓝田人"。

蓝田人头骨化石大致属于一个30多岁的女性。其头盖骨额骨部分比较低平,头骨的耳上颅高87厘米,小于北京人的105厘米;但其眉骨硕大,眼眶上圆枕粗壮,眼上出现一道横行的骨脊,与北京人类似。蓝田人的眉间部稍向前突出,眶上圆枕的两侧端明显向外延伸,而不像北京人那样向后弯曲,颅骨壁厚度则超过北京人。蓝田人脑量约有780毫升,小于北京人的1075毫升,约是现代人类(1400毫升)的二分之一强。

按照石器时代的分期,蓝田人所处时代属于旧石器时代早期,蓝田人所使用的石器中有用于砍伐树木、猎取野兽的砍砸器,有刮削兽皮、切割兽肉的刮削器,有割剥兽皮、挖掘植物根茎的尖状器,还有石球和手斧等丰富多样的基本生活、生产工具。

石器的原料来源主要是自然界的石英岩和脉石英等砾岩,石器一般都是一次性打制而成,因此,蓝田人对石料的利用率很低,经过二次加工的石器数量相对很少。

蓝田人的石器中还有一种飞石索,属于狩猎工具。它呈球状,表面十分粗糙,多用树皮或兽皮系之,用以攻击猛兽。蓝田人是世界上最早使用这种远程狩猎工具的远古人类。

蓝田人已经懂得使用天然火。在公王岭出土头盖骨的地层中，考古工作者发现了三四处粉末状的黑色物质。其中有少数炭粒尚可辨认，经科学鉴定，黑色粉末全为炭质，它是蓝田人使用火的遗迹。但蓝田人还不会人工取火，而是把天然的火种保存之后，薪火相传。由于公王岭一带没有天然洞穴供他们居住，他们只好选择高大的树木"结巢而居"，以防野兽的侵袭。采集活动无疑是蓝田人主要的谋生手段。

由此可见，蓝田人带有比北京人更多的原始先民的特征。

蓝田人不仅是陕西和中国，而且是亚洲东部发现的最早的直立猿人。蓝田人的发现，是重大的考古成就，无疑给长安这座城市寻找到了最初的文明支点。

## 三、半坡如画
## ——长安城市的发端

原始社会时期,有著名的仰韶文化类型。仰韶文化因1921年首次发现于河南渑池县仰韶村而得名,属于新石器时代早中期,母系氏族社会繁荣的原始社会阶段。

围绕西安的泾渭流域,考古工作者发现了大量仰韶文化的遗址,如西安半坡遗址、宝鸡北首岭遗址、长武县泾河下孟村遗址、渭南史家遗址和临潼姜寨遗址等,这是长安先民在部落时期的文明孑遗,是在经过神祇时代以后,先民们开始进入民本时代的一大里程碑。

西安半坡遗址是黄河流域典型的原始社会母系氏族公社村落遗址。

据碳14测定,半坡遗址的大致年代为前6800—前5300年,遗址面积约5万平方米,在全国发现的上千处仰韶文化遗址中最为典型和完备。

1953年春天，灞桥火力发电厂在工程建设中，于西安灞桥浐河东岸的半坡村附近发现了这处类似遗址的遗迹。在此之后，考古工作者又相继发掘了灰土层、红烧土层、红烧土、灶坑和灰坑，并发现了骨制斧、锛、刀、笄、针等，由此引起学界对这一地区人类早期文化遗址的持续关注。

1954年后相继进行的几次较大规模的考古发掘工作收获颇丰，包括房屋遗迹45座、陶窑6座、圈栏2处、窖穴200多处、墓葬250座，并整理出近万件生活、生产工具，包括斧、锛、锄、铲、刀、磨盘、杵、凿等石器。半坡遗址整体形状大约是一个不规则的椭圆形，南北稍长、东西略短。以大围沟为界，分为三大部分：居住区、墓葬区、制陶区。居住区处于遗址中央，中间被一条宽2米、深1.5米的小沟分为南北两部分，构成两个既有联系又各自独立的单元。大围沟指的是一条人工挖掘的壕沟，全长300米。大围沟的总出土量约有1.1万立方米，以现在条件预估，需要3666辆载重3吨的卡车才能一次拉完。工程艰巨浩大，很难想象半坡先民用简陋粗笨的石器工具是如何完成的，不得不让人感叹先民的伟大智慧。

半坡氏族的居住区不但有围墙等颇具规模的防卫设施，居住区周围环绕的壕沟还有木柱痕迹，在围沟底部和两旁设障碍物，除有防洪排涝作用外，还能够防范野兽侵扰，抵御其他部族的侵略。居住区的两个单元各有一座供公共活动的大房屋，周围散布若干小房子。这些房子的门道和居室之间，有一道泥土堆砌的门槛，每个房子的中心都有一个圆形或瓢形的灶坑，灶坑周围有柱洞。这些房子的墙壁都用草拌泥涂抹，这些草拌泥都经过了火烤，因而非常坚固。房子有圆形、方形、长方形，圆形房子直径为4~6米；方形、长方形房子有的面积小，只有十几到20平方米；有的面积略大，有三四十平方米；还有面积更大的，达100多平方米。各房屋之间还有一些口小底大的窖穴，呈圆袋状，用来储藏东西。房屋周围还有牲畜圈栏，均为长方形。

有趣的是，这些房屋的门前都有类似雨棚的设计，类似后世的"堂"。屋内有一个"明间"，可以后进，明间左右两边又分别隔着墙形成两个"次间"，三个空间形成"一明两暗"的布局。横向观察时，隔室空间与室内空间前后排布，类似后世的"前堂后室"，可见"登堂入室"的中华传统建筑布局已经初现端倪。以后的中国社会中一直延续的"前朝后寝"的建筑思维，也是源自半坡这一整体布局。整个村落的中心是一座160平方米的大房子。房子的前面是一个活动区，供氏族成员聚会和商议事情；房子的后面有三个小间，应该是氏族长者、氏族首领等人的居住之所。

"古之民，未知为宫室时，就陵阜而居，穴而处，下润湿伤民，故圣王作为宫室。为宫室之法，曰室高足以辟润湿，边足以圉风寒，上足以待雪霜雨露。"正是对半坡这一村落从洞穴开始逐步转型为宫殿的最好写照。这些方形房屋建筑样式出现于半坡晚期，是在早期"半地穴式"基础上进化而来的。方形房屋主要用椽和木板支撑，然后用黏土混合建筑而成。一般而言，一座房子的支撑需要12根木桩，按照3行4列的模式排布木柱，这就形成了规范整齐的木柱网络。木柱网络应该是后世建筑中"间"这一概念的雏形。半坡方形房屋是最早的木结构间架式建筑，这一建筑模式满足了"墙倒屋不塌"的建筑要求，是我国古典建筑中的杰作。

大围沟以北是半坡部落的公共墓地，有250座墓葬，其中埋葬孩童的瓮棺葬为73座，另外有孩童土坑墓3座。墓葬中有一座女性墓葬使用了木板，是目前此遗址中发现的唯一有木板葬具的墓，随葬品也很丰富。半坡遗址发现的成人墓坑都是浅竖穴，一般为单人仰身直肢葬，埋葬者一般为头朝西北。墓葬中有少数是二次葬，也有一些是屈肢葬或者俯身葬。比较少见的是，遗址中发现了两座同性合葬墓，其中一座是两个男子合葬墓，另外一座是四个女子合葬墓。这些墓葬中的随葬品多为具有实用价值的日常生活用品，还有一些是装饰品。到了半坡晚期，出现了为死者特意打造的明器。由此可以看出，此时有灵魂不死的观念，也出现了社会身份的阶层差异。

大围沟的东侧是手工业陶窑场，布局相对紧密，有竖穴和横穴两种。窑室都较小，直径大约只有1米。

考古人员研究发现，半坡聚落曾经集聚过两个氏族部落，他们主要从事农业和渔猎生产。

在半坡遗址中还发现粟和蔬菜籽粒，以及家畜和野生动物的骨骸，这都充分证明了半坡是我国最早的农业发源地之一。生活陶器常见的有粗砂罐、小口尖底瓶和钵，分汲水器、炊器、食器等多种，这体现出这一时期先民日常生活的日渐丰富。

最值得注意的是，半坡的彩陶制作技术十分高明，彩陶的烧制温度需要950℃，可见半坡人的用火技术相当出色。

这里出土的陶器包括黑、白、赭色的彩陶，花纹简练朴素，有几何纹、涡纹、方格纹、细绳纹，绘有人面、鱼、鹿、植物枝叶及几何形纹样，这些最早的绘画作品很可能代表着原始崇拜的图腾。从陶器上共发现22种刻画符号，郭沫若先生认为可能是一种原始文字。其中一些比较简单的为数字一、二、五、七等，其他多数符号至今无法明确含义。因为此时期出土了很多有丰富文化内涵的彩陶，所以不少学者将仰韶文化称为"彩陶文化"。

## 四、姜寨炊烟
### ——长安文明的曙光

与半坡遗址交相辉映的是临潼的姜寨遗址,其位于临潼城北1千米的姜寨村。

姜寨氏族村落的面积要比西安半坡遗址大10倍,这是我国发现的新石器时代最有代表性的氏族村落遗址之一。

伟大的姜寨先民体现出的超人生活智慧,至今让人叹为观止。

姜寨遗址布局严谨、有条不紊,体现了先民较为成熟的居住设计观。整个遗址拥有2万余平方米的领土,分为广场、1万平方米的居住区、手工业区、畜养区、墓葬区五个区域。

遗址西以临河为屏障,东、南、北三面为人工修建的防护沟，东边围沟与公共墓地分开。居住区的中心拥有4000多平方米的广场。广场四面各有一座80平方米的中型房屋，门统一面向中心广场；每座中型房屋附近各有几座小房子，其门也对着中心广场，形成众星捧月的空间格局。

姜寨遗址出土文物的数量之大和品种之多是前所未有的。上万件文物，大致可分四大类型、200多个品种。四大类型是：生产工具类、生活用品类、装饰品类、殉葬品类。

生产工具类以石、骨、陶、角、蚌等材料为主，共有3811件。石材加工的生产工具种类不同，形态各异，有石斧、石锛、石铲、石凿、石刀、石钻、石球、石臼杆、石砚、石弹丸、石磨盘、石磨棒、石镞、石网坠、石纺轮等30余个品种，充分突显了石器在这一阶段的重要性。骨制工具数量居第二位。生活用器则主要以陶器为主，计有3000余件、100多个品种。陶器中样式比较奇特的有凹底、尖底、圈足形瓮、罐，有曲腹碗、钵、双唇口尖底瓶、鸡冠耳罐、双耳高档三袋足鬲、釜形三足斝、三耳罐等30余种。装饰器类主要由骨、陶、石等经过精细加工后制成。殉葬品有玉圭1件、牙饰1件、装饰品385件、陶簪600件、骨簪44件、陶环382件、石环6件、骨珠饰14077颗，基本是生活用品。在15～16岁女孩子的墓中发现骨珠饰2170余颗。

众所周知，半坡出土的人面鱼纹彩陶盆为震惊天下的奇迹，对其解释也是莫衷一是。在姜寨遗址的出土文物中，也有一件人面鱼纹彩陶盆引人注目。半坡彩陶盆的人面双眼眯成一条线，姜寨彩陶盆的人面却双眼圆睁。在不同的地方发现相似的东西，这意味着什么？为什么人面的眼睛一睁一闭？人面鱼纹究竟代表了什么特殊的内容？……人们纷纷猜测，专家们也给出多种解释，企图破解这千古之谜。

在姜寨遗址出土的文物中，有一套用8778颗骨珠串成的项饰品，每颗骨珠都有一个十分细小的孔。这套项饰品堪称项链的老祖宗，但它最初的作用并非单纯出于审美需要，而应该是生殖崇拜的象征，有资格佩戴这套项饰品的一定是这个氏族的最高首领，而有资格担当首领的则必然是生育能力极强、多子多女的"英雄母亲"。

这套项饰品的制作工艺令人惊叹，一是数量之多，二是孔径之细，均达到了精湛程度。远古人类究竟采用了什么绝妙的手段完成这件旷世作品，又用什么线把它们串联起来，会在什么场合佩戴这件不可思议的骨珠项饰品，已经不得而知，不过有一点可以肯定，这就是虔诚的信仰可以产生智慧、产生力量、产生奇迹！

比较半坡遗址和姜寨遗址，我们可以得出的基本结论是：先民的生活区基本是一种内向型的模式，房屋都围绕着一个核心,生活区周围都有沟渠环绕,这证明了当时的人们已经开始进入有所防备、有所侵夺的时期了。

最好的保护手段就是城郭,城郭雏形在姜寨遗址、半坡遗址都已经出现。这些遗址所有房门均朝向中央广场,突出了团结向心的精神,体现了部族的凝聚力。

# 五、炎黄二帝
## ——中国的人文初祖

今日的陕西,黄陵县每逢清明时节都会有祭祀黄帝的大典;宝鸡的炎帝陵与炎帝祭祀活动,也是日渐炽热。黄帝和炎帝可谓是长安这片神州沃土最早的历史名人了。

从战国后期开始,我国已有"三皇五帝"的传说。所谓三皇,有天皇、地皇、泰皇的说法,还有伏羲、神农、黄帝等说法;而五帝,大致有四说,一般认为是黄帝、颛顼、帝喾、尧、舜或太皞、炎帝、黄帝、少皞、颛顼。总之,活动在黄河流域、关中地区的炎帝和黄帝是我国最早的圣贤帝王,其尊崇的地位在中国历史中无以复加。

"自从盘古开天地,三皇五帝到如今",这一文化脉络一直被近代以前的中国学术界视为信史。但自从20世纪20年代以顾颉刚为代表的古史辨派兴起，其以"多重证据法"为方法突破，用"层累造成的中国古史"的观点，论证三皇五帝乃是后人树立的虚假偶像谱系，原本并不存在于真实的历史之中。这种"史如积薪，后来居上"的看法在今天影响尤巨。

虽然"三皇五帝"观受到震撼性动摇，但对民族意识和民族感情而言，这种认同感依然以黄帝为寻根的源头，今天的中国人依然称自己是"炎黄子孙"。黄帝陵前竖立的"人文初祖"碑就是黄帝的历史地位界定，黄帝陵前的香火依然不绝。

《庄子·盗跖》说："世之所高，莫若黄帝。"黄帝被列为五帝之首，为土德，居中。

其实，学者大都明白，记录黄帝事迹的材料，都出现在春秋战国以后的典籍中，历史并不算长，并且一直是各说各话，明显是"百家言黄帝，其文不雅驯，荐绅先生难言之"，《国语·晋语》告诉我们，黄帝部落和炎帝部落应该都源于少典及有蟜氏的通婚，其发祥地在姬水和姜水旁，黄、炎两族从很早的时候起就关系密切。姬水、姜水究竟是哪两条河流，至今虽然不能确指，但大致应该在今陕西、甘肃两省境内。

黄帝部落最初形成于我国陕西关中地区。黄帝又称"轩辕"，有学者认为，轩辕为"可汗"之意，因此所谓的"轩辕之丘"必在西北。可以肯定的是,黄帝的传说产生于北方,黄帝部落的活动范围基本不超出黄河流域。因为黄河文明的影响,黄帝最后盖过了诸多先民的部落领袖,众星汇聚为人文初祖了。

西汉司马迁撰写的《史记》中,正式将黄帝抬上了无与伦比的祖先地位。

在司马迁大一统思维的影响下,这个后世皇帝"样板"的中国第一帝王——黄帝,"东至于海,登丸山,及岱宗。西至于空桐,登鸡头。南至于江,登熊湘,北逐獯鬻,合符釜山,而邑于涿鹿之阿",其足迹几乎遍及华夏大地了。

司马迁说黄帝有土德之瑞,黄帝可能就是"黄地",这是先民对关中土地崇拜的一种文化产物。五行学说在战国之后流行开来,"黄土居中"可能是黄帝最终超然独尊、稳居鳌头的一大主因。

陕西黄陵县的黄帝陵,是在秦汉陵寝制度正式形成以后,为了更加圆满地塑造黄帝形象而营建起来的。今日的黄陵祭祀,更重要的是一种民族文化凝聚认同的政治文化需求。

炎黄体系下形成的中原文明认同,使我们中华的文明路径沿着祖先崇拜的思路发展下去。我们祭祀这两位伟大的祖先,从而为中华民族寻找到道统的坐标。

黄帝崇拜、祖先崇拜,其最深邃的思维是我们先民对土地的崇拜，对道德英雄的崇拜。

土地崇拜，使以后王朝中的真龙天子每年都要亲耕土地，似乎这样就可以五谷丰登。中国人几千年的文化都凝结在黄土中，中国人的心魂也就在于此。黄帝被视为中央之帝，炎黄后裔居住的城市改名叫作"长安"，这也许是长安成为千年古都的缘由。

中华民族以长安为坐标，按照四方界分为东夷、西戎、南蛮、北狄，并树立起了"夷夏之防"，虽然随着开疆拓土、民族融合的推进，华夏族和周边民族发生着融合与蜕变，但这种天下宗主的观念却从此奠定了，这种核心的最初意识与对炎黄祖先的崇拜有着不可分割的关系。

炎黄崇拜，为中国千年以来的"圣人治国"、权威政治提供了最早的意识形态蓝本。

# 第二章 周虽旧邦,其命维新

西周是礼乐政治的典范,商周之际的嬗变,是中国文化道统中重要的转折点,也是中华民族空前的思想解放运动。早期的周人开始了农耕文明,筚路蓝缕,不忘初心,及至文武周公,励精图治,终于剪灭殷商,出现了天下一统、礼乐文章八百秋的空前盛世。

# 一、"苟日新，日日新"与《周易》
## ——周人的革命观

禹和启的时代，确立了家天下的模式，其后孔甲乱夏，迨至夏桀，夏终于被从东方崛起的商部落所灭。商王朝传至盘庚，迁都殷，又延续了数代，最终传至纣王，已经是"无可奈何花落去"了。由于纣王的暴虐，出现了周代商的"革命"，这场革命的理论就出自《周易》一书。

《周易》是中国神秘的原始文献，一直以来，被人视为天书，其实这部书反映的当是早期中国人对宇宙、社会、天象等的认识。这是一本与时俱进的社会哲学文献。

在殷墟甲骨文中，"易"字就像把水从一个器皿倒入另一个器皿之中。《周易》之中的"易"就是改变，这种思想大致产生于商末周初的政治、文化大变革时期。因此《周易·系辞下》说:"《易》之兴也,其于中古乎?作《易》者,其有忧患乎?"

《周易·系辞下》说伏羲仰头观望星象,俯首观察大地,受到鸟兽花纹、生活环境、外界的诸多物象的启发,从而创造了"八卦"图像。这实际上体现了哲学来自于日常生活,与天地交感合一的原始思维。

《周易》的核心思想是与时俱进,这代表了周人对殷革夏命、周革商祚在哲学思想上的探索。

司马迁在《史记·太史公自序》中总结《周易》一书的主旨时说:"《易》著天地阴阳四时五行,故长于变。"可以说是鞭辟入里的见解。

《周易·系辞下》云:"神而化之,使民宜之。易,穷则变,变则通,通则久。"

仅从"易"字出发,就可窥见周人的变革性思维。东汉的学者郑玄在《易赞》中提到"易"本身即包含三种意思:一、易简;二、变易;三、不易。根据王晖先生的研究,其中"变易"之内涵为周人创造基本上可以肯定。

《周易·系辞下》云:"为道也屡迁,变动不居……不可为典要,唯变所适。"虽然这里的文字比较简短,但是已经表达了周人革新政治、不拘泥于夏商旧制的新思维,充满着辩证发展的鲜明理论色彩。

《周易》鼓吹革命,这成为此后历朝历代变迁的理论基础。《周易》要求"天行健,君子以自强不息",变是逐渐的过程,不可能一蹴而就。《周易》说"苟日新,日日新",也就是要求见微知著,一点点去改变,从而实现最终的巨变。

说《周易》六十四卦及卦爻辞是周文王所作,应该是有道理的。《周易》实际上是周文王为推翻殷人统治哲学思想"天命不变"而作的,是以变易观为基础的与时俱进的哲学思想武器,是为周人革命制造的舆论准备。

## 二、后稷在邰
## ——周人祖先的故事

孔子在《论语》中曾经多次慨叹"郁郁乎文哉,吾从周",他一生致力实现的政治目标虽然被后世不断鼓吹和宣扬,但归根到底不过是"克己复礼"。复礼,也就是恢复周礼,用孔子的话就是"其为东周乎"。

西周是一个被理想化了的伟大时代,西周做蓝图设计的政治性方案《周礼》,被视为小康社会基础的政治纲领书。不仅孔孟一味地倡扬"天下有道"的西周社会,以后历朝历代的统治者无不把它作为顶礼膜拜的对象,西汉秀才皇帝王莽的改制、武则天代唐的"大周"以及割据偏安一隅的政权"后周",都一再试图重寻这个已经消散的历史印记。

周是长安最早的瑰丽王朝,长安的历史由此正式宣布开启。周文化"德治""民本"的政治思维成为解读中国文化体系的一把万能钥匙,即使跨越千年,依然可以解读中华文化体系的任何政治密码。

周,最初的含义就是农田,周人的祖先后稷被奉为农耕文明始祖,他就生活在长安地区。

根据司马迁的记载,周的始祖号为后稷。由于刚出生时曾被他的母亲扔掉,所以名弃。后稷的母亲姜嫄是有邰氏部族的女儿,帝喾的正妃。有一次,姜嫄在野外看见一个非常大的脚印,被其所吸引,很是开心,就过去踩它一脚。没想到她踩到脚印后,身体就有了异样,像怀了孕似的。果然,10个月后她生下一名男婴。这样奇怪的事情让她很费解,莫名诞生的孩子让她感到不吉祥。于是姜嫄就把孩子悄悄地丢弃了。孩子被丢在一个狭窄的小巷里,往来的牛马都不会踩踏他,而是友好地绕过他。姜嫄只好抱起他,想将他丢弃在树林里,但当时树林里人多,她转而把孩子丢弃在了渠沟结冰的水面上。这时有鸟儿飞来把翅膀盖在孩子身上,有的鸟儿把翅膀垫在孩子身下。姜嫄看到这神奇的一幕,心有所动,决定把孩子抱回去养大成人。

姜嫄所在的邰,约在今天的武功、扶风一带,位于泾渭流域,土地肥沃,利于农耕,近年发掘的武功郑家坡早周文化遗存以及在漆水河下游发现的早周遗址与古文献记载的邰地相吻合，证明这里确实存在过从事原始农业生产的大部族。

履巨人迹而感孕生子，是灵感文化中图腾转生信仰的表现。英雄在婴孩时被弃于自然中，接受考验，说明他的血缘是属于宇宙的。英雄从一开始就必须被赋予传奇性，这样他才能超越时代的束缚，开辟出一代伟业。

英雄后稷正是这样出生的，他开辟出了我国传统社会的农耕伟业，成为周人以农耕立国的根本。

"稷勤百谷而山死……有功烈于民"，因此享受周代"禘、郊、祖、宗、报"五种祭礼中的郊礼，即史书所说的"乃设丘兆于南郊，以祀上帝，配以后稷"。郊祭以后稷、上帝作为周族的祭祀对象，正体现了周人对先祖后稷的崇拜观念。

后稷以上，姜嫄以前是母系社会；后稷以下，据《史记·周本纪》是周之传承，已为父子之传递。《山海经·大荒西经》是比《史记》更原始的资料，其中有稷传位其弟台玺、台玺传位给其子叔均的传说。《路史·发挥四·周世考》也称"后稷封台，故其后有台玺，有叔均"。这些记载混乱矛盾，但说明从后稷开始，其父兄子弟之间的相传已经明确，这无疑标志着周人进入了父系社会的崭新阶段。

因此我们说，从后稷起，周的历史进入了崭新的社会阶段，长安的历史也从女性氏族社会阶段步入了男性主导的社会新时期。

在今天的武功境内,还有姜嫄和后稷祠堂。而直到近代,关中农村还习惯供奉一种有头无身的农神,叫"后稷头"。依据《山海经》记载,后稷死后,葬于"广都之野","山水环之",这正与后稷生活的南靠秦岭、横傍渭水的关中平原武功地区相合。

## 三、周原膴膴
### ——周人崛起的圣地

后稷以后,周部族血脉更续、薪火相传。公刘带领周人居住在戎狄地区,治理后稷基业。后来,他们考察土地,研究种植,勤恳伐木,经过漆水,渡过沮水,一举挺进关中,到达渭水,使得人们生活有序而富足,出门时旅费足够,待在家里的积蓄盈余。部族人感念公刘的恩德,附近的人听说了也都搬迁而来,接受他的领导。从这个时候开始,周的事业真正兴盛起来。

现代学者以为公刘在豳这一阶段,是周重要的发展时期。而古公离开豳地迁徙到宝鸡岐山,并非如司马迁记载的是因其完美无瑕的德业,而是因为戎狄的侵略,周人的生存空间遭到严重挤压,不得已做出选择。

《诗经·大雅·绵》以优美的语言记载了古公亶父

率族迁于岐山正式建国时的情形：

> 绵绵瓜瓞。民之初生，自土沮漆。古公亶父，陶复陶冗，未有家室。
>
> 古公亶父，来朝走马。率西水浒，至于岐下。爰及姜女，聿来胥宇。
>
> 周原膴膴，堇荼如饴。爰始爰谋，爰契我龟，曰止曰时，筑室于兹。
>
> ……………

在杜水沮水漆水，古公亶父只是带领人们挖山洞、打地洞，并没有搭建房屋。后来，古公亶父和夫人姜氏带领人们赶着马，顺着西水岸，从杜水沮水漆水老家到达岐山，是为找地方重新安家。

周原土地肥美，堇菜苦菜甘甜若饴。大伙儿这样留下盖房。他们如此选择也是占卜后得到上天的旨意，并在龟板上留下"止""时"等文字。

他们住下来后，安心营造自己的家园，一起分配土地，经营田亩，划分疆界，挖沟泄水，整修田塍。他们建造了庄严的房屋、雄伟的郭门，还建立了宏大的社坛。他们组织了抗敌的军队，同仇敌忾，保卫部族的声望。他们消除路途障碍，打通了往来的道路，让混夷望风奔逃。

而太王之后的文王有仁德，感化了虞、芮两国的首领，后者看到文王治理下的周人和气升平，自动平息了关于土地的纷争。让周人自豪的是，他们的臣僚团结百姓、保扶君王，与邻邦和睦相处，积极经营，保卫疆土，抵抗侵凌。

正是在岐山的时期，周逐渐完善了国家雏形，手工业得以发展，并营建宫室亭台，与强邻姜氏部落实现了通婚，结成了统一战线，周部族从而出现了生机勃勃的大气象。

古公亶父把都城建在岐山京当一带，叫作"京邑"。他致力改造蛮风陋俗，"筑室于兹"，兴建家园，发展农业生产，使周逐渐走向富强。周的崛起其实是在周原这个地方发轫的，因此《诗经·鲁颂》说"后稷之孙，实维大王，居岐之阳，实始剪商"。

周原是周文明的主要发祥地之一，也是关中最为著名的富庶之乡。"周原膴膴，堇荼如饴"的诗句告诉世人，这里是一块适合农耕发展的厚土福地。

在陕西省宝鸡市岐山县岐水边的断崖上，考古人员曾发现了大量陶器碎片，这些碎片和西安半坡遗址出土的陶器同属于新石器时代的仰韶文化遗迹。这一考古成果告诉我们，很早就已经有先民在周原这片土地上繁衍生息了，这里遥远的文明史给周部族奠定了物质和地理基础。

广义的周原东起武功、西至凤翔、北达北山、南接渭河，总面积有数百平方千米；狭义的周原则主要包括今陕西扶风、岐山两县。从太王古公亶父开始，周之先民就长期居住和生活在这片神州热土上，在此营筑城郭、宫殿、宗庙、房屋，并将其建设成为周人的早期都邑。后来，随着革命形势的发展，周文王、周武王迁都丰、镐，但周原一带仍是周王朝的革命基地，成为西周王朝的龙脉所在，是重要的政治、经济和文化中心。

周原考古出土的青铜器历史之悠久、数量之多，都是世所罕见，因此宝鸡市被誉为"青铜器之乡"。自汉宣帝神爵三年（前58年）以来，周原就开始出土成批的青铜重器，并屡有重大突破性考古发现。仅周原庄白村一地，就出土300件周代青铜器，现在周原地区建有世界上收藏最为丰富的青铜器博物馆。寻找大周，就要从这里进入历史的梦境长河。

今岐山、扶风两县交界处方圆20千米的范围内，便是周原遗址。当时的宫殿和宗庙区域，大概位于这片土地的西北部，即今岐山县凤雏村、召陈村附近；制作铜器、陶器、骨器等的区域，是周人集中的居住地，位于这片土地的东南部，即今扶风县齐镇村、庄白村、黄堆乡云塘村一代；墓葬区位于整个区域的西南部，即今岐山县京当乡的贺家村和礼村附近。

1976年，一组大型西周建筑基址在陕西省岐山县的凤雏村被发现，后来被命名为凤雏甲组宫殿遗址。遗址坐落于面积近1500平方米的夯土台基上，房屋坐北朝南，前后两进，以中轴线为分割，东、西两边对称。这是迄今中国发现的最早的封闭式院落，也是最为完整、规范、典型的四合院建筑样式，学者多认为该建筑是西周早期时候的太庙。

宫殿的中轴线上分布着影壁、门道、中院、大厅、过廊、后室等建筑，厢房和耳房配置在东、西两侧面，整个院落的建筑之间勾连有回廊。考古人员还发现，院落房屋的屋顶有瓦覆盖，这应该是迄今中国为止发现的最早的建筑用瓦。宫殿的墙面和屋内用三合土涂抹，门下有台阶通向院落，院内井然有序地排列着檐柱和廊柱，更让人称奇的是，大院内挖掘有阴沟，并铺设排水管道。

考古人员在院落的西厢房开展清理工作时，发现了17000多片卜甲和卜骨，其中刻辞卜甲有290多片，上面共有600多个文字。这些文字记载了商与周的关系以及周初的社会状况，具体内容涉及很广，包括周初的祭祀、征战、狩猎、政治、外交等。周原甲骨与商代甲骨最大的不同是，这些文字非常精小细微，考古人员必须用放大镜才能辨识出来。周原甲骨"金属微型刻字"证实了中国微雕艺术的悠久历史，也显示出周代先民伟大的创造力和惊人的智慧。周原甲骨是一批可与商代殷墟甲骨媲美的珍贵文史资料。

几乎同时，在召陈村也发现了一处规模宏大的西周建筑基址群,基址的柱础直径可达1.9米。据推测,这组基址群是一组巍峨雄伟的宫殿建筑。根据考古人员测量,其中一处台基上的柱础间距3米,由南到北有4排,由东到西有8排。台基上还有两座夯土墙,南北向的宽约0.8米。

除了以上两组大型建筑基址以外,在扶风云塘村、齐家村等地也发现有周代遗址,包括一处规模较大的骨器作坊遗址。

# 四、丕显哉,文王谟
## ——周文王的功业

在今天宝鸡一带,普遍流传着"凤鸣岐山"的历史传说,表明了关中人民对西周时代的美好记忆和深情眷恋。

司马迁的《史记·周本纪》记载,古公亶父有太伯、虞仲、季历3个儿子。据说季历的儿子昌出生时,有圣贤的祥兆。古公亶父于是断言说:"我们家族有一代要兴旺起来,恐怕就在昌身上应验吧?"太伯和虞仲听说后,自然明白父亲的心思,主动把王位让给季历,搬迁到南方的荆、蛮之地生活。季历最终传位给昌,实现了古公亶父的意旨。

这是周文王出世时的历史,其中透露了"有圣瑞"的迹象,但圣瑞是什么,太史公并无确指,后世则说成是凤凰鸣叫并栖息而不肯去,因此有了"凤鸣岐山"的历史典故。

太伯、虞仲、季历三兄弟的推让天下，很有些儒家"选贤任能"的意味，因此历来怀疑者众，学界以为这件事多是儒家或者墨家尚贤学说影响下的史料加工和再创作。

王晖教授则认为这是季历舅家显赫、外援得力的结果。《诗经·鲁颂·大明》讲述太任是挚国首领姑娘，也可以算是来自殷商。她远嫁到周原，在京都做了王季的新娘，和王季一起，推行德政。

太任生下的就是周文王。这位伟大英明的君主，小心翼翼，恭敬而谦让，勤勉努力侍奉上帝，带给人们无数的福祥。他的德行光明磊落，因此承受祖业做了君主。

就在年轻的时候，皇天给他缔结好姻缘。文王到洽水（即渭水）北面迎亲。

文王筹备婚礼，喜洋洋地迎娶了一位美丽的殷商姑娘。这位美丽的殷商姑娘，长得就像天仙一样。卜辞表明婚姻很吉祥，造船相连，作桥渡河，婚礼十分隆重。

天命降周文王。在周原之地的京都之中，又娶来莘国姒家姑娘。长子虽然已早早离世，幸还有伟大的武王。皇天命令周武王，前去讨伐殷商。

《诗经·大雅·大明》告诉我们，王季之妻、文王之妻都是从殷商娶来的，由于文王舅家显赫的地位，当时周之部族与盟主商形成了甥舅关系。所以，文王少时便被立为储君，这是从统战的立场出发的。

今天陕西渭南合阳地区，有著名的景点"处女泉"，风光旖旎，如诗如画，据说是文王娶妻典故的发源地。《诗经·周南·关雎》所述的"窈窕淑女，君子好逑"，曾被解释为后妃之德，近世以来虽然遭到学术界的抨击，但从《诗经》的篇章出发，认为该篇讲述的是文王夫人的高贵品德，其实也有几分道理。

季历自尊为王，被周人称为"王季"，他一方面积极做剪商准备；另一方面苦心维持周商关系，不仅亲自拜见商王武乙，并接受商王册命讨伐商国的宿敌鬼方。经过3年苦战，季历俘获20名狄王，因此被商王册命为"牧师"，一跃成为西方诸侯的领袖。

周这种"借商之躯壳，积极孵化自我"的韬光养晦战略，逐渐引起商王的注意，商王文丁诛杀文王的父亲季历，使得周商长期以来的和谐关系走向破裂。

周文王为完成父亲的"剪商大业"，夙兴夜寐，孜孜以求发展。他推行了一套富民强国的政策，使得周族逐渐强大起来，以后他也被儒家推戴为"文教"的圣人。

文献记载，季历去世，儿子昌继位，即西伯昌，也就是文王。西伯继承后稷、公刘的遗业，效法他们的法则，一心一意施行仁义，敬重老人，慈爱晚辈。他对贤士谦下有礼，有时因为接待贤士中午都顾不上吃饭，士人因此都归附他。伯夷、叔齐在孤竹国，听说西伯非常敬重老人，就说为什么不去投奔西伯呢？太颠、闳夭、散宜生、鬻熊、辛甲等人都归顺了西伯。

西伯兢兢业业、诚惶诚恐地致力于人才培养，积极收买人心，使得岐山之地成为人才汇聚之所，周部族日益生气勃勃，有如朝阳之升。

西伯不仅勤修内功，更积极出击，"献洛西之地，以请除炮烙之刑"。文王内外兼修、为民着想，百姓自然为之感激涕零，不久更发生了虞芮之讼的故事：

西伯暗中做善事，诸侯都来请他裁决争端。当时，虞国人和芮国人发生争执不能决断，就一块儿到周国来。进入周国境后，发现种田的人都互让田界，人们都有谦让长者的习惯。虞、芮两国发生争执的人还没有见到西伯，就觉得惭愧了，都说："我们所争的，正是人家周人以为羞耻的，我们还找西伯干什么，只会自讨耻辱罢了。"于是各自返回，都把田地让出然后离去。诸侯听说了这件事，都说："西伯恐怕就是那承受天命的君王。"

虞芮之讼的发生，使得革命的统一战线更加发展壮大，而周的日渐强大更吸引来大量的归附者。

在今日宝鸡，有著名的钓鱼台，此处有关于文王的传说，讲述的是文王在渭水寻得贤臣吕尚的故事，表现了文王的求贤若渴。

吕尚，姜姓，吕氏，名望，民间俗称姜太公，中国历史上最负盛名的政治家、军事家和谋略家之一。姜尚胸怀大志，孜孜不倦地探求治国兴邦之道，以期有朝一日能够大展宏图、为国效力。因闻听西伯"善政"，遂来到渭水之滨的周领地，栖身于磻溪，终日以垂钓为事，静观世态的变化，待机出山。

西伯姬昌恰遇姜尚游猎到此，便向他请教治国兴邦的良策，姜尚当即提出了"三常"之说："一曰君以举贤为常，二曰官以任贤为常，三曰士以敬贤为常。"西伯听后非常高兴，说道："我先君太公预言：'当有圣人至周，周才得以兴盛。'您就是那位圣人吧？我太公望君久矣！"于是，拜姜尚为太师，称"太公望"。从此君臣同心，共图剪商兴周大业。

在躲过商王朝的一场政治陷害以后，"西伯归，乃阴修德行善，诸侯多叛纣而往归西伯，西伯滋大"。

为了实现对商王朝的战略大包围，文王在晚年"而作丰邑，自岐下而徙都丰"，并开始实行"耕者九一"的轻税政策，这是在他去世的前一年开始推行的新政。周文王在岐山周原之地"日中待士"，谋划剪商大业，并在生前已经实现了孔子所言的"三分天下有其二"了。

在今日长安的灵沼地区，有著名的灵台遗址，是当时关中民众衷心拥戴周文王的历史印记。

《诗经·大雅·灵台》这首诗歌描述了周文王和百

姓之间和谐亲切的关系，勾勒了周初的昌明社会。

> 经始灵台，经之营之。庶民攻之，不日成之。
> 经始勿亟，庶民子来。
> 王在灵囿，麀鹿攸伏。麀鹿濯濯，白鸟翯翯。
> 王在灵沼，于牣鱼跃。
>
> …………

诗歌大概意思是说：文王带领人们规划修筑灵台，大家经营设计，巧妙安排。百姓同心协力，灵台很快就建成了。君王来到园林中，母鹿懒懒地卧在树荫下。鹿健康肥壮、毛皮光洁，园中的白鸟羽翼洁净。君王到了大池沼，满池鱼都在蹦蹦。钟架、横板、崇牙、大鼓、大钟配置齐全，钟鼓节奏优美，让君王快乐得舍不得离开。

正是在沣水边上，文王和其子武王励精图治，缔造了一个文治斐然的大周王朝。文王在生命最后的阶段，兼并了商的西部附属国密须、耆、崇，形成了对商的孤立之势，但依然"率殷之叛国以事纣"，勉强维持着商周之间的宗属关系。

文王不仅娶了商莘君之女，而且接受"西伯"这个商之封号，这种曾经的表面友好得到了出土史料的证明。在周原出土的周人甲骨中有"彝文武帝乙"之辞，这大概是商王帝乙受到周文王祭祀的历史实证。

# 五、丕承哉，武王烈
## ——周武王伐纣灭商

周武王继位以后，迁都镐京，继续东进的革命谋划。武王以"太公望为师，周公旦为辅，召公、毕公之徒左右王，师修文王绪业"，由于继承了文王正确的治国路线，武王时期国事蒸蒸日上。

除太公望之外，周公、召公、毕公这些周族精英也全心全力辅佐武王，尤其周公。周公是武王的亲弟弟，曹操曾经有诗云"周公吐哺，天下归心"，赞扬的就是周公为治天下求贤若渴的精神。据说当时出现白鱼跃到武王乘坐的船上，天火降于屋顶等种种祥瑞，大家都认为伐纣灭商刻不容缓，但武王觉得时候未到，决定继续观察。

两年以后，在商纣恶贯满盈之时，周才出动兵士45000人、战车300辆，武王亲自率领先锋部队3000人，联合八国诸侯，拉开了伐纣灭商的大幕，双方大军在牧野进行了历史性的大决战。《史记》在记载人数上颇为夸大，但大致过程是真实的。

帝纣也发兵70万来抵抗武王。武王派师尚父率领百名勇士前去挑战，同时亲自率大部队冲进殷纣的军队决一死战。大部队包括战车350辆、士卒26250人、勇士3000人。纣王的军队人数虽然不少，但毫无斗志，将士们心里甚至盼望武王早一点胜利，将他们收编。于是，他们在武王进攻时，掉转方向攻击殷纣带领的军队。败逃后的纣王不得不返回都城，穿上好看的衣服登上摘星楼，命人点火，自焚而死。武王胜利后，诸侯和百姓都向他行拜礼，武王还礼。武王到达商都朝歌时，百姓们争先恐后到城外迎接他，等候见到传说中的武王。武王传令："上天赐福给你们！"

孟子曾经在讲到武王伐纣的历史时说："纣，一人而已，独夫民贼。"《荀子》更讲："盖杀者非周人，因殷人也，故无首虏之获，无蹈难之赏。"郭沫若先生称武王伐纣为最早的"前徒倒戈"的革命，这其实代表了中国人的革命理想主义精神。

孟子所言"吾于《武成》，取二三策而已矣。仁人无敌于天下，以至仁伐至不仁，而何其血之流杵也"，分明是不实事求是、偏听偏信的恶劣学风，而历代对此问题的研究一直是按照孟子、荀子的思路前进的，以至于学术界对牧野大战的解读，还是以奴隶阵前倒戈为主导思维，这是观念先行的产物。其实从《逸周书》《史记》等的记载来看，这场战役非常残酷。

武王来到纣王的自杀现场，先是对着纣王的尸体射了三箭，代表天意对罪大恶极者的惩罚，又用手中的宝剑刺中尸体，接着特意用一把金色的、象征尊贵的斧头斩下纣王的首级，并悬挂在大白旗上，以此表示战争的胜利。此时，纣王的两名宠妃也已上吊自杀，但武王还是找到她们的尸体，同样向她们射了三箭，并用剑刺击，按照尊卑礼仪，换用黑色的斧头斩下了她们的头，悬挂在较小的白旗上。

在军事较量基本结束以后，武王开始恩赐天下。

武王主要做了几件事：命召公释放被囚禁在狱中的箕子；让毕公把监狱中的老百姓解救出来，表彰商容；派遣南宫适发放纣王鹿台里的金银珠宝给劳苦大众，拿出钜桥囤积的粟米给饥寒交迫的百姓。

箕子是商纣的亲属，深得民心，曾经因劝谏纣王而被囚禁。商容是商朝德高望重的老臣。纣王统治暴虐，百姓苦不堪言，大量民众身陷囹圄，而鹿台则是商纣搜刮的民脂民膏的聚集地，钜桥是商朝的国库。武王在革命成功之后，致力于施恩亲民，塑造开明的领导形象，从而赚取了民心，初步稳定了天下政局。

武王伐纣，是中国历史上最重要的事件之一。这件事对夏商以来的信仰体系产生了巨大的破坏力。商纣相信"有命在天",而周人则提出了"天命靡常,唯德是辅"的崭新理论,从商代的神本政治到周初的民本主义,实现了商周文化体系的重大转型。

武王伐纣和商汤灭夏,统称为"汤武革命",这是中国文化中革命理论的最早来源和以后历次革命的思想基础,意义深远而重大。

有趣和无奈的是,许久以来,武王伐纣这一重大历史事件发生的年代一直是混沌不明的,据统计,历史上对这一事件的时间点先后有44种不同的说法。确定它的年代,无疑是夏商周三代纪年攻坚战的一大关键,在西安临潼区出土的利簋铭文为解决这个历史难题提供了极为有利的突破口。

利簋铭文记载武王克商在甲子日,从而验证了部分历史文献记载的可靠性。其铭文说:"武王征商,唯甲子朝,岁鼎克闻夙有商。"于省吾、张政烺等学者都认为岁就是"岁星",鼎作"当"讲,如此,则灭商的"岁鼎"就是岁星正当其位,即是周的星土分野为鹑火。《国语·周语下》记载:"昔武王伐殷,岁在鹑火,月在天驷,日在析木之津,辰在斗柄,星在天鼋。"科学家用利簋铭文得出了武王伐纣的天文学背景——"岁星上中天",岁星就是木星,结合上古文献的记述,终于较好地解决了时间节点的问题,明确了我们国家伟大文明的时间支点——武王伐纣在公元前1046年,这给我们的科学家继续寻找民族文明的准确年代建立了"巨人的肩膀"。

今天陕西临潼骊山北麓有国家授时中心,国家标准时间——北京时间正是从这里给出的。历史和现实两个重要的时间点都在这里融汇,这样的巧合,为长安深厚的历史文化增添了别样的光彩。

## 六、镐京辟雍,四方攸同
### ——都城镐京的建设

周文王、武王时期的西周都城镐京,呈现出一派繁盛气象。而西安的世界四大古都的地位,也是在西周丰、镐两京的基础上才得以奠定。

在殷商时期,关中地区的东部,也就是今天鄠邑区、长安区等地,是殷商属国崇国的势力范围,周文王东进关中,倾尽全力灭掉崇国,并开始在崇国腹地沣河西岸营建新都——丰。武王即位以后,继续东进,在沣水东岸与丰都隔水相对之地建设镐京,并最终在此开启了剪商兴周的革命。

丰、镐虽然分别命名,实际上两座都城紧密相连,武王在营建镐京后也没有废弃丰京,所以这丰镐故地可以看作一座城市的两个区域。

丰镐遗址的城市布局比较松散、朴素，是因地制宜建设而成。在都邑内，宫殿区、贵族住地和一般手工业作坊稀疏地分布在一个较大区域，不少住地周围则是族葬墓地。

丰京遗址在今天长安区境内客省庄至张家坡一带，方圆六七千米，东界紧邻沣水，西至灵沼河。镐京遗址位于高阳原上（今斗门、普渡村一带），遗址西邻沣水，与丰京隔河相望。

在京邑周围，有专供游乐的园囿，按照孟子答齐宣王的说法，文王园囿方圆70里，称为"灵囿"，当时这里草木繁盛，獐鹿成群，水波荡漾，也被称为"灵池"。考古工作者曾在这里发现大量鹿、獐等的骨骼和鱼骨、蚌壳等，可见战国时期的孟子所言不虚。

具备游观作用的灵台遗址今日尚存。据文献记载，灵台高两丈，周回120步，曾经是一座巍峨的西周祭祀性建筑。

对张家坡一带丰京遗址的考古中，发现了青铜器窖藏和夯土台、陶制下水管道等遗迹，普渡村一带的西周墓葬则出土过周穆王时代的青铜器。更重要的发掘是1956—1957年，中国科学院考古研究所沣西考古队在西安市长安区沣西张家坡东村发掘出西周车马坑遗址，这是丰镐考古工作的重要里程碑。

西周车马坑遗址共有7座车马坑，基本集中在长宽只有数十米的范围内。4座车马坑都没有墓道,坑口和坑底大小相差很少,坑的深度比西周中小型墓要小。其中M185和M192被盗掘过。车马坑所埋的车马数,少者一车二马,多者三车八马,埋葬的形式大体相同。

其文物有陶、原始青瓷、玉、漆、俑、石等材质的器物数千件。出土器物中还有石斧、蚌刀等劳动工具,陶器、骨针等生活用品,骨制串珠、骨簪等装饰物,骨箭、戈矛、铜刀等兵器;所出土漆器中也不乏精品。这些都是研究西周都城历史的重要实物资料。

长安沣西车马坑,代表了周人在宗周丰镐故地的繁衍和发展,体现了周人建国初期昂扬的斗志。而平王东迁之后,因犬戎大乱导致"故宗庙宫室,尽为禾黍",丰镐故土成了一片荒凉的废墟。

《诗经·大雅·文王有声》对这个阶段的镐京有很形象生动的描述:

> 文王有声,遹骏有声。遹求厥宁,遹观厥成。文王烝哉!
> 
> 文王受命,有此武功。既伐于崇,作邑于丰。文王烝哉!
> 
> ………

诗歌大概意思是说,文王声望很好,他的名声如雷贯耳。他只求天下安宁,终于实现了功成国昌。文王真是开明有为。他受命于天,能力非凡,举兵攻克崇国，又建丰邑。他带领人们挖城壕筑城墙，都城规划非常合理。他不贪私欲，品行端正，功绩自然昭彰，犹如丰邑的垣墙，四方诸侯都来依附。后来镐京旁又建了离宫，周围没人不服周邦。后来定都镐京，依靠神龟确定工程，武王漂亮地完成了这件事，真是个英明有为的君王。

  文王和武王所致力经营的丰镐故地，后来被称为"宗周"，这里的每一寸黄土都是当年西周的肇造根基。落后弱小的周族经过几代人的不懈努力，终于在武王手中实现了灭商大业，周部族在关中地区迅速崛起，从此，西周王朝得以在长安之地建立与巩固起来。

# 七、梦见周公
## ——制礼作乐

孔子说:"甚矣吾衰也,久矣吾不复梦见周公。"周公作为最伟大的农耕文明的政治家,他用双手绘制了中国3000年发展的基本蓝图,他是至圣先师孔子的精神导师,也是中华文化道统的元圣。

周公制礼作乐思想的核心是"乐统同,礼辨异",希望以礼乐制度建立等级分明、秩序井然的社会,同时强调"民为邦本""明德慎罚",希望社会能在等级的基础上建构和谐。他提出的民本主义政治思想是3000年中华政治文化的本质与精髓。

周公是周武王姬发的弟弟。在伐纣之战中,他"常左翼武王,用事居多"。等到剪商大业初定,武王病死,其子成王年幼,周公摄政,管理天下。

周公在摄政的7年间，政治上，选贤任能；军事上，东征平定三监、武庚叛乱，东征胜利之后，周公"纵马于华山之阳，放牛于桃林之虚，偃干戈，振兵释旅，示天下不复用也"。为求西周王朝的长治久安，他还政成王，并呕心沥血地辅佐成王，提出了一整套完备的治国理论，被称为"礼乐制度"。周公的政治思想基本见于《尚书》的8篇周诰之中。

夏殷灭亡后，以周公为代表的周初统治者以史为鉴，锐意进取，有针对性地开展了一场具有奠基意义的政治文化革新运动。

首先，周公提出了以民为本的天人合一观——"民之所欲，天必从之"，寻找到新的统治民众的思想方法——"明德保民"，这后来成为整个中国社会别具特色的政治伦理思想；并以《周易》为主的哲学变易观代替了殷人"天命不变"的思想。

武王曾经在《尚书·酒诰》中对其弟说："古人有言曰：人无于水监（鉴），当于民监。今惟殷坠厥命，我其可不大监抚于时。"大概意思是说，我们应该好好地以殷人灭亡的历史教训作为镜子，好好地思考我们自己的所作所为。可见，周公主张人以老百姓的口碑作为治理国家好坏的标准。这句话就是后来唐太宗广为人知的"以铜为镜，可以正衣冠；以史为镜，可以知兴替；以人为镜，可以明得失"名言的发端。

周公在《尚书·召诰》中进一步强调了这种以史为鉴的重要思想：我们不可不借鉴夏代灭亡的原因，也不可不吸收商代灭国的教训。他们都是因为不重视为政以德，所以失去了管理百姓的权力。周公、成王首先认识到两个十分尖锐的问题：统治者的权力是谁给的？统治者的权力的根基是什么？

《礼记·表记》说："殷人尊神，率民以事神，先鬼而后礼。"针对殷人"我生不有命在天"的天命观，周公主张天命是靠不住的。

《诗经·大雅·文王》很明确地说"天命靡常"，周公并没有完全否定商人所主张的天命，但是他认为天命的基础是民众。"民之所欲，天必从之。""天视自我民视，天听自我民听。"周公、成王等西周统治者认为，最高权力虽然是天命所授予的，但是天命的基础是民众的拥护，上天的意志体现于民众的意志。

不难看出，周公仍然承认统治者的权力是天神上帝授予的，没有否定天神上帝，也没有否定基本的"君权神授"的天命观；但是周公认为主导天命的天神上帝不是随心所欲的，而是依靠民众的意愿办事。上帝是公正的化身，天命反映的是民众的意愿和思想。这是一种新型的天人合一思想，也是一种新型的民本主义。

在对天命认知改变的基础上，周公进一步提出了著名的"敬德保民"主张。周公提出的"保民"，是要保护人民、安抚人民；对为何能统治民众的依据，他提出了统治民众的一个必备的条件，那就是"德"。

《左传·僖公五年》说："鬼神非人实亲，惟德是依。故《周书》曰：'皇天无亲，惟德是辅。'又曰：'黍稷非馨，明德惟馨。'又曰：'民不易物，惟德繄物。'如是则非德民不和，神不享矣。神所冯依，将在德矣。"

《尚书·召诰》中也说："王敬作所，不可不敬德！""肆惟王其疾(亟)敬德，王其德之用，祈天永命。"《尚书·无逸》中周公还说："小人怨汝詈汝，则皇自敬德！"《礼记·大学》的头一句也说："大学之道，在明明德，在亲民，在止于至善。"

周公主张的"敬德"有两层基本含义：一是敬重美德、善德、明德；一是警惕，警戒恶德、凶德。《召诰》《无逸》中的敬德，都是后一种用法，可见周公更重视统治者自身的修养和美德的培养与完善。

周公提倡的"明德保民"思想，后来经儒家继承并代代相承，成为中国古代2000多年社会政治伦理思想的核心基础。

周公制礼作乐，确立了嫡长子继承制度。这一制度建设，主要是通过周公与成王之间的妥协架构的，而实践中是以周公的制礼作乐宣告完成。

武王崩时，成王年少，《尚书》《史记·鲁周公世家》都有明确记述，周公与成王面临着"兄终弟及"还是"父死子继"的抉择问题。

武王临终时曾考虑传位给周公，有人认为是武王基于成王年少且周初定天下、矛盾斗争仍很尖锐所采取的非常之举。其实，依据史料，武王的考虑更多是基于"兄终弟及"的理论依据。"（周公）旦为子孝，笃仁，异于群子"，"及武王即位，旦常辅翼武王，用事居多"，面对天下未宁的局面，周公践阼合乎时情，也是有"殷鉴不远"的政治理论依据的。

周公摄政，无疑面临很大的压力，但是不这样做不能告慰先王，可见周初的"兄终弟及"也是周先王所认可的传承方式。

周公最伟大的地方在于不恋权，明晓退守有道。关于他的人生事迹，《尚书大传》概括为："一年救乱，二年克殷，三年践奄，四年建侯卫，五年营成周，六年制礼乐，七年致政成王。"

周王朝由周公"致政成王"而最终确立了嫡长子继承制度。西周之所以最终能确立嫡长子继承制，其外在表现为周公与成王之间的妥协合作，而其根源则在于夏商周三代家族结构的变化。经夏商之世，血缘家族的阶层等级已演化得较为明晰，规模自然也缩小了，父子为核心的伦理观念已超越兄弟兼爱的家庭原则。这种变化是渐进的，至成王时，再通过周公的制礼作乐，以宗法制维系庞大的国家统治机器，父死子继的模式有了制度的维护，从此取得了绝对的统治地位。

周公的摄政与归政，周公的制礼作乐，给中国人带来了全新的思维方式和统治理念。周公的退让之道，展现出妥协和双赢政治的璀璨光华。

考古工作人员经过考古钻探，在周公庙遗址发现了一座规格等级很高的墓葬。在这座墓地外围多处地点发现了卜甲与卜骨，有的甲骨上面刻有"周公"二字，有的甲骨上面的刻辞专门记载了周王的活动。西周大型墓地的发现，是1949年后最重大的考古发现，其学术研究价值不言而喻。这一发现有助于传承中华历史文化，对研究中华文明史更是意义重大。著名考古学者邹衡判断："通过这些迹象，可以肯定地说，周公庙遗址是目前发现的西周时期最高等级的墓葬群。就其多处发现甲骨而言，很可能成为'西周的殷墟'。"著名西周史专家尹盛平也认为："过去发现的诸侯国君级墓葬只有一两条墓道，在周公采邑内的四墓道墓葬为首次发现。周公是享有周王待遇的人，完全有资格使用最高等级的墓葬形制。"学界多数学者倾向于认为这处墓葬极有可能是周公的家族墓地。

# 第三章 文武之道,礼乐盛世

西周昭王、穆王时期,继承文武大道,延续成康之治,致力开疆拓土,其后出现厉王乱政,但亦有共和执政、宣王中兴。西周王庭政治上推行宗法分封,经济实现王有井田制,思想上学在王官,及至礼坏乐崩、百家争鸣,长安这片土地成为道家思想的重要发源地。

# 一、昭王南巡
## ——西周中期对南土的经营

武王死后，周公经7年摄政，归政成王，西周进入成王、康王时期。这是中国历史上出现的第一个盛世。

由于"制礼作乐"和周王朝领袖兢兢业业的治理，"成康之际，天下安宁，刑措四十余年不用"，这一方面得益于周王循循推行的自我约束的德治，一方面依靠了周公、召公等贤臣的辅佐。

成王"举文、武勤劳之后嗣"，"鲁公伯禽、卫康叔子牟、晋侯燮、齐太公子吕汲俱事成王"，一时间也是人才济济。

周王朝历经成康大治，积极经营关中，逐渐进入稳定发展的昭穆时期。

昭王十九年（前977年），周天子出兵征伐南方，试图开疆辟土，结果全军覆灭。《史记·周本纪》说："昭王之时，王道微缺，南巡狩，不返，卒于江上。"

昭王此举，其实是为了讨伐荆楚，获取南方丰富的矿产资源。

昭王南征未返便殒命汉江这件事影响很大。《吕氏春秋·音初》云："周昭王亲将征荆，辛余靡长且多力，为王右。还反涉汉，梁败，王及蔡公陨于汉中，辛余靡振王北济，又反振蔡公。"

"梁败"就是桥塌了。也就是说，周昭王带着他的军队过桥的时候，桥突然塌了，周昭王和军队都掉到了汉水里面。估计周昭王和北方来的这些军人都不习水性，于是很多人淹死了。辛余靡仗着自己个子高身体素质好，迅速救起了周昭王，还返回来去救祭公。但终是回天乏术，被救到岸边的周昭王因抢救无效而死亡。

昭王之死，还有另外一种说法。皇甫谧的《帝王世纪》记载："昭王在位……以德衰，南征，及济于汉，舡人恶之，乃狡船进王。王御船中流，胶液解，王及祭公俱没水而崩。其右辛游靡长臂且多力，极得王，周人讳之。"

这段话是说周昭王没德行，带着军队去征讨南方，来到了汉水边。汉水边上的船工很讨厌他，就用胶水粘了一艘船给昭王乘坐。昭王乘着这艘船来到汉水中，这时候粘连船板的胶遇水而溶，昭王和祭公一起掉到水里了。这时候昭王身边一个姓辛的侍卫把昭王救上了岸,可惜周昭王已经溺水死了。因为这件事太丢脸,周人就避讳讲述这件事。

总之,周昭王"丧六师于汉",使得周王朝苦心经营、开拓南土的战略暂时陷入绝境,但这并没有影响周继续扩大领土和影响力,只是目标转移到了西北方向。

## 二、穆王西游
## ——西周中期对西域的探险

西周对西部世界的认知始于周穆王时期,这是中国最早见于文献记载的丝绸之路上的开拓历程。

穆王对犬戎进行了军事征伐与远狩活动,历时长久,司马迁在《史记·周本纪》中提到"穆王将征犬戎,祭公谋父谏曰",史料来源于《国语·周语》,无疑是真实可信的。这和西周宗周钟铭文所言的"王肇遹省文武堇疆土"反映的情形一致。周穆王的西游,是开天辟地的大事件,初步凿通了最初通西域的"丝绸之路"。

在周原的文化考古中,考古人员曾经发掘出土两个蚌雕人头像,他们高鼻深目,应属白色人种的大月氏、乌孙人,据推测是穆王西游的文化交流成果。

西晋太康二年（281年），汲县（今河南卫辉）战国时代魏国王室的墓地中出土了《穆天子传》一书。该书记载了周穆王坐着由春秋战国时期的赵国先祖造父所驾的的车，河宗伯夭做向导，从洛阳出发，经过漳水、河宗之邦、阳纡之山等地，一直向西，到达昆仑之丘，见识了春山之宝，历尽了千辛万苦，终于到达了西王母之邦，并与西王母宴饮畅谈。

今通行本的《穆天子传》共6卷，前3卷讲述西征过程；第4、第5卷讲述东归及以后的故事，第6卷为后人所添加，叙述了盛姬死丧之事。学术界普遍认为，这部书虽是伪作，并非真实的先秦历史，但亦有助于后人了解周穆王时期的历史文化风貌。周穆王的西游，既不是一般意义上的巡狩、封禅，也不是寻常的军事扩张，而是西周王朝对华夏版图以西的西部边地开展的一次探索之旅。

《穆天子传》的成书年代，战国说是学界主要的看法。顾颉刚先生曾经指出，《穆天子传》的写作背景即赵武灵王的西北略地，这是很有道理的。但从西周的穆王身上寻找蓝本，也可以证明穆王西游还是有一定的史实依据的。

《穆天子传》中"毛班"在班簋铭文中有记载，造父因为擅长驾驶马车，被穆王重用，是秦、赵的先祖，这在《史记·秦本纪》《史记·赵世家》等中都有记载:"穆满"是一种美称,这与西周金文能够互相印证。《穆天子传》称穆王为"天子",与《诗经》《逸周书》及众多金文记载相契合。《穆天子传》的作者把穆王西游的故事与西王母、昆仑神话糅合在一起来讲述,应当是为了美化穆王西巡。

穆王西游是中国向世界拓展的一种伟大尝试,开拓了当时人们的视野,促进了中西文化交流,已经从历史事件发展成文化现象。穆王成为东西交流的先行者,自然是功不可没的。

## 三、国人暴动
## ——周人的民主革命

昭、穆以后的西周王朝,由于周天子的地位得到尊重,国家进入一个相对稳定的发展阶段。

周夷王死后,其子周厉王姬胡继位。《史记·周本纪》说:

周厉王暴虐无道、放纵傲慢,国人开始公开议论他的种种过失。召公劝谏他,告诉他国人对他的不满。厉王发怒了,他找到一个卫国巫师,让巫师监视议论他的人,并告诉巫师,只要发现了就来报告。周厉王就这样杀掉了不少背后议论他的人。因为周厉王的残暴,议论他的人越来越少了,但是诸侯也不来朝拜他了。面对厉王的严苛,国人甚至不敢开口说话了,如果他们在路上相遇,也只是互递眼色,以此示意。这样的局面让周厉王很有成就感，他告诉召公："我已消除人们对我的议论，他们都不敢说话了。"召公说："这只是把他们的话堵回去了。防止人们说话，比堵住水流后果还要严重。水蓄积多了，一旦决口，后果不堪设想；不让民众说话，道理也是一样。"

周厉王这个喜欢钳制言论自由的君主，其实在西周历史上还是很有作为的。

西周实行分封制度，畿内土地陆续分封给各级诸侯，名义上周王拥有所有土地，但是实际上土地的收益绝大部分归受封贵族所有。开国初年，周王室掌握的土地很多，这样的分封对收拢人心、促进土地开发有很大的作用。但是分封不断进行，王室直接控制的土地大量减少，长此以往，周王室的经济状况出现了捉襟见肘的局面，为了改变王室的经济状况，周厉王任用荣夷公为卿士，实行"专利"国有政策，将山林湖泽改由天子直接控制，扩大财源。这打乱了先王任百姓自由管理的习惯，损害了各级贵族和平民的利益，因此朝野非议汹汹。

大臣芮良夫就从对荣夷公的任命问题上指摘批评了："荣公爱慕财利，独占私吞，却不懂得因此可能招致祸难。财利，是从各种事物中产生出来的，是天地自然拥有的，有谁想独占，危害就会靠近他。天地万物每个人都应得一份，让一个人独占是不符合天道的。独占触怒他人，灾祸迟早会降临。"

芮良夫还说:"荣公用财利来引诱大王,您也要考虑一下是否可以长久。作为一个君王,应该将各种财物分发给上下群臣和百姓,让神、人、万物都能得到应得的部分。即使能这样做,也要每日小心,以免招来怨恨。《大雅》说:'广施恩泽开周业。'正是说要普施财利,警惕祸难。先王能建立起周朝的事业,并且一直延续到现在,也是因为懂得这个道理。而如今,您却去学荣公独占财利,这怎么行呢?普通人独占财利,被人称为强盗;您如果也这样做,那谁还会归附您呢?"

芮良夫最后告诫厉王,荣公如果被重用,周朝肯定要败亡。

事情本来可能有回旋的余地,可惜周厉王一向喜欢自作主张,刚愎孤行。他不为谏言所动,仍致力于加强中央集权。因为改革政策和西周以来的采邑制度下的中央分权、地方自治的传统不同,自然面临着巨大的政治风险。

周厉王对舆论无所适从,干脆采取粗暴的封杀的办法,采用特务政治的手段,监听百姓的议论。由于厉王缺乏政治头脑,用恐怖的特务政治来"防民之口",使得愤怒的国人最终拿起武器把他赶走,也赶走了他的改革运动。

在这场国人暴动中,国人包括君子和小人,君子指西周的公卿贵族,小人则指代自由民。传统学界认为,国人暴动基本是贵族造反，但依据宣王时期的青铜器铭文，暴动参加者还有正人（工匠）、师氏人（士兵），可见这是一次贵族与平民联合的政治运动。

前841年，长安地区的百姓发动了"驱王运动"，厉王面对沸腾的民怨，只得仓促流亡而去。

国人暴动一度被视为奴隶起义，这种看法是远离真相的。国人暴动，其实如同英国的"光荣革命"，都是通过少量的流血达到妥协、折中的政治目标。虽然随之而来的共和时期到底是共伯和主政还是周公、召公联合执政，史学界一直众说纷纭，尚无定论，但共和时期的出现，证明周厉王推行的中央集权措施遭到了地方主义的冲击和抵制则是毋庸置疑的。

国人暴动发生的时间为前841年，是中国历史明确纪年的开始。

## 四、宣王中兴
## ——西周衰亡前的回光返照

在周厉王被赶走,共和体制平稳过渡以后,厉王的儿子周宣王即位。他励精图治,兢兢业业,使得厉王以来的国家衰败趋势得到了一定程度的遏制和扭转,史称宣王中兴。

《史记·周本纪》记载说,宣王能够整饬政风,效法文王、武王,为政有成王、康王的风范,由于励精图治,所以诸侯归顺。

周宣王中兴,主要是讨伐侵扰周朝的戎、狄和淮夷,开疆拓土。宣王以秦仲为大夫,攻西戎,秦仲被杀;后又任命其子秦庄公兄弟五人攻伐西戎,最终周军大胜,开辟了西边的广袤领土。

曾为丰镐之地的长安区在1980年出土了一件十分重

要的晚周青铜器——多友鼎，鼎上的铭文多达278字，记载了周宣王大军与猃狁在京师附近的殊死决战。宣王以大将尹吉甫伐猃狁于彭衙，尹吉甫率师直攻至太原（今甘肃镇原一带），迫使猃狁向西北退走。

对于侵犯江汉地区的南淮夷，周宣王则派遣召穆公及卿士南仲、大师皇父、大司马程伯休父等进军讨伐，使得南疆当时最强大的徐国臣服，向周纳贡。为巩固中央强有力的统治，宣王分封其弟姬友于郑（今陕西渭南华州区东），更将其舅申伯徙封于谢（今河南南阳），构筑了南土控制的战略格局。

由于宣王励精图治，诸多政策施政得当，在其统治时期，基本稳定了西周厉王之后出现的衰败的政局。

可惜的是，宣王晚年，良好的政治局面很快就急转直下了，主要原因是宣王对中央集权的强化倾向遭到了地方诸侯的强力抵制，军事征伐出现了大挫折。

宣王因个人好恶，在鲁国干预内政，实行废长立幼，结果导致鲁国大乱，诸侯离心离德；接着王师在对外征战中遭到了严重失败，尤其是"千亩之战"败于姜氏之戎，使得周天子的"南国之师"尽丧。中央对南土的控制局面逐渐瓦解，以至宣王不得不"料民于太原"——进行我国历史上最早的人口统计工作，但这一新经济政策因违反传统的社会管理办法，刚一提出就遭到了朝野上下的汹汹非议。

宣王中兴，延缓了西周王朝的生命，但也是西周走向灭亡的开始。

# 五、骊山烽火
## ——西周的灭亡

周宣王死后,其子幽王即位。幽王在位期间,昏聩无能,政治腐败。

《诗经·小雅·正月》中说"赫赫宗周,褒姒灭之"。《史记·周本纪》的记载,把《诗经》的说法具体化了。民间传说幽王十分宠爱褒姒,但褒姒是个冷美人,不爱笑。幽王为讨美人欢心用了各种办法,但都没有用。当时为了方便帝王和诸侯进行军事信息沟通,设置了烽火狼烟和大鼓,有敌人来侵犯就点燃烽火。周幽王为了让褒姒笑,听了虢石父出的主意,点燃了烽火。诸侯见到烽火,全都赶来了,赶到之后,却不见有敌寇。褒姒看他们被捉弄,果然哈哈大笑。幽王见美人笑了,非常高兴,便又多次点燃烽火。后来诸侯们都不相信了,也就渐渐不来了。

当时的太子宜臼是幽王的王后申后所生。幽王想让褒姒生的儿子伯服做太子,便废掉了王后申后和太子宜臼。

到了前775年春,申后的父亲申侯听说幽王废了自己的女儿和外孙,还要出兵攻打申国,不由大怒,便约集西夷、犬戎等共同反叛,兵围幽王于骊山之下。幽王在十万火急的情况下急令点燃烽火求救,然而,诸侯们以为幽王故伎重施,便未来勤王,导致幽王兵败骊山,被犬戎所杀,西周遂亡。

在《国语·郑语》中,关于毁灭西周的褒姒,其实还有个传说:

一天,宣王听到京城里民间传言"桑树制作的弓和木头做的箭囊,会毁灭周王朝",心里非常不踏实,于是下令把从事这个行业的人全部逮捕并且杀掉。有一对老夫妇是专门制作这种弓箭的,只好被迫连夜逃亡。逃亡途中,他们发现一个女婴在路边哭泣,见她可怜,就将其收养。逃亡后的老夫妇栖身于褒氏部落。后来女婴长大成人,取名褒姒。因为天生丽质,被褒氏部落作为礼物进献给了幽王。

其实,这段故事在司马迁笔下还有一番曲折:

夏后氏衰落的时候,有一天两条神龙降落宫廷,说:"我们是褒国的两个先君。"夏帝不知如何是好,只得进行占卜，结果很不吉利。再次占卜的结论是，将两龙的唾液藏起来，就不会有不吉利的事情发生了。于是夏帝摆出币帛等祭物，又按照规矩写了简策，接着向二龙祷告。这时候，两条龙真的不见了，原地留下了一些唾液。夏帝让人把龙的唾液收藏起来。

夏亡后，这个装着唾液的匣子传到了商朝；商朝灭亡之后，又传到了周朝，从来没有人敢把匣子打开。周厉王末年，匣子被打开了，龙的唾液流在殿堂上，怎么也清理不掉。周厉王命令一群女人，赤身裸体对着唾液大声呼叫。那些唾液因此变成了一只黑色的大蜥蜴，爬进了厉王的后宫。一个小宫女碰上了那只大蜥蜴，后来竟然怀孕了，宫女将所生的婴儿抛弃，这个弃婴就是褒姒。

这些记述离奇有趣，似乎告诉我们褒姒是古蛇的化身，并将褒姒灭周视为具有神秘意象的事件。

褒姒故事的种种记载，大致都承袭《诗经》，颇有可疑之处。早在战国时期就有人对此提出了质疑，屈原在《天问》中问道："周幽谁诛，焉得褒姒？""烽火戏诸侯"的故事，也很难经得起学术上的推敲。司马迁的记载强调了"红颜祸水"的传统历史观，而这显然是不公平的。美人褒姒成了历史无辜的替罪羊，由此，"女人祸国"论调成为一种演绎中国历史的民间传统定式。

烽火戏诸侯，不仅载于正史，而且还通过小说、戏剧的形式广泛传播，成为尽人皆知的历史典故。

其实，把周王朝的覆灭归咎于一个美丽的女孩子是荒谬的。这个故事隐约反映了西周后期周天子信用的破产，而西周的灭亡，正在于严重的信用危机。

西周实行的政治制度是"尊尊"和"亲亲"的合一，是试图用周的礼乐制度来维护姬姓血缘集团的统治，"乐统同，礼辨异"，他们信奉"非我族类，其心必异""周之宗盟，异姓为后"的原则，因此在治国上依靠宗法制度。这种制度以血缘为基础，形成了等级分明的社会阶层。西周的王室统治，并不像后世想象的那样强悍，而更多是一种信念认同。中央对地方的统治，主要是依靠朝觐、贡纳和册封，其册封前提是土地的国有化。《诗经·小雅·北山》所说的"普天之下，莫非王土；率土之滨，莫非王臣"就是这个意思。到西周后期，随着生产力的发展，各个诸侯国辟土服远、互相兼并，血亲关系被地缘关系所冲击，周天子依赖的宗法制度已经摇摇欲坠了。

1975年，周原董家村出土的裘卫四器上的铭文记载有裘卫用车子、玉璋、帛等租得矩伯10块地并换来一片林地之事。裘卫没有封号，不是传统的血亲贵族，但富有资财，而矩伯有爵位，却是破落户，因此不得不以土地典租和转让换取钱物，这深刻反映了西周建立的宗法体制已经摇摇欲坠。失落的贵族大声哀叹："瞻卬昊天，则不我惠！"而小贵族就更是抱怨："出自北门，忧心殷殷。终窭且贫，莫知我艰。"西周晚期的整个社会似乎都充满着悲观和混乱的情绪。

王道衰微，致使周天子不得不"下堂而见诸侯"，离心离德的倾向是很明显的。幽王时，国家更发生了多次地震，今日长安翠华山的山崩奇景据说就发生在这个时期。

"人无信不立，业无信不兴，国无信则衰。"幽王对信用的一意孤行，激化了和朝廷重臣之间，即王有和私有之间本已存在的突出矛盾，西周末日的来临已经是无可奈何花落去的必然了。

# 六、盛世吉金
## ——西周的青铜时代

青铜器是由青铜合金(红铜与锡的合金)制成的器具,它的大量出现标志着人类文明发展的新阶段青铜时代。

中国青铜器制作精美,艺术价值高,在世界青铜器中享有极高的声誉,西周代表着中国4000多年青铜发展的高超技术与文化鼎盛。

西周处于青铜时代。在长安这块神奇的土地上,曾经出土了大量的青铜器,让我们得以管窥西周王朝的昔日芳华。

1890年,宝鸡扶风任家村一个叫任致远的农民在取土时,发掘出一窖青铜器,共计120多件,其中最著名的有毛公鼎、大克鼎、小克鼎和卫鼎等。

毛公鼎现收藏于台北故宫博物院。毛公鼎铭文字数

497个，记载有前841年的大事件——国人暴动，这也是中国长期以来，最早明确的第一个纪年时间点。

大克鼎高93.1厘米，重201.5千克。鼎的口沿饰兽面纹，腹部装饰着流畅的波曲纹。鼎的腹内壁有铭文290字，铭文字体工整，笔势圆润，遒劲雄伟，形体舒展挺拔。大克鼎出土时正是清末，当时金石学和金石书法鼎盛，铭文书法在当时便已经倍受推崇，被视为西周中晚期青铜器铭文的典范。

梁其鼎通高44厘米、口径43.5厘米、腹深25厘米，重22.8公斤。鼎的口沿下饰重环纹一周，下加弦纹一道，腹内壁有铭文6行48字。此鼎是窖藏梁其器组及善夫吉父器组中最著名的一件。

格伯簋高31厘米，内底铸有铭文8行83字，记录了西周中期的一次土地买卖活动，大意是一个名为格伯的人，用30亩的田产换取了4匹好马，双方刻木为凭，并勘定了田界。

1957年，宝鸡岐山京当乡董家村出土了一窖青铜器，共37件，其中卫鼎、卫盉等史料价值最大，也最引人瞩目。其铭文同样记载了西周中期有关土地转让和买卖的情况，为研究西周中期的土地制度提供了极其珍贵的原始资料。1963年宝鸡出土的何尊，更是因其中首次出现"中国"二字而被视为旷世重宝。出土于周原的大盂鼎重达153.5千克，也是著名的国家宝藏。1975年出土于此的"裘卫四器",则记载有西周社会经济活动的珍贵史实。墙盘是1976年12月于宝鸡扶风庄白村西周窖藏出土的,盘内铸有铭文276字,重文5字、合文3字,总计284字。铭文使用四言句式,和《诗经》风格非常相近,工整华美,气韵流畅,不仅具有非常高的历史研究价值,也具有极高的文学价值。铭文字体字形整齐划一,均匀疏朗,笔画转折自如,粗细一致,笔势流畅,颇有后世小篆笔意。全文记述了文、武、成、康、昭、穆,共七代周天子的丰功伟绩,是研究西周历史的重要资料。

2003年,宝鸡扶风出土了27件青铜重器,被誉为"盛世吉金"。其中的逑盘史料价值非常高,对探讨西周的世系、家族的世官现象等,都具有重要的参考价值。

## 七、老子西行
## ——春秋道家思想的出现

老子,姓李名耳,字聃,是中国古代伟大的思想家、哲学家、文学家和史学家,道家学派创始人,道家主要代表人物,还是世界文化名人。存世的《老子》(又称《道德经》)被视为"东方圣经",影响深远。

司马迁说,他不知道老子是谁,因为其人神龙见首不见尾,其书也莫衷一是,但可以肯定的是,老子是一名"隐君子也"。

长安大地的周至楼观台,是传说中老子问道之地,问道楼观也成为长安一大著名的文化现象。

老子西行出关的故事被反复传说演绎过,老子出关中的"紫气东来"更成了中国文化的一个重要象征,鲁迅先生的《故事新编·出关》也是对此思考后创作的。

1973年，马王堆汉墓出土的帛书《老子》给老学研究带来了新的福音。出土的《老子》有甲、乙两种版本，均为《德篇》在前《道篇》在后，乙本更有"德""道"二字明确地分出了篇名。

我们审视《老子》，说它是一部中国经书，它却只字不提中国的人物、朝代、事件；说它是一门高深的智慧和学问，它居然自称抛弃学问，拒绝智慧。一句"道可道，非常道"，似乎谁都懂，似乎谁都不懂。也许老子早已料到这一点，他说："我的话很容易明白、很容易实行。天下人却不能明白、不能实行。我的话有根源，我的事你们不晓得。"玄而又玄，似乎不知所云。

据说老子曾做过周的"守藏室之官"，但关于他的其他人生事迹，众说纷纭。老子无疑是中国历史上一个重大的文化谜团。如若认同老子是周的史官，他一定是在长安地区生活游历多年的。《汉书·艺文志》说："道家者流，盖出于史官。"金德建认为："老聃学说的来历，大约是因为做周史的缘故。"他列举了《左传》《国语》等书中史官的格言形式，并将其中十几条有关材料与《老子》相对照，做了研究。比如《左传》里曾有"唯器与名，不可以假人""慎器与名，不可以假人"等句子，而《老子》中也有"国之利器，不可以示人"的句子。这些材料的对比情况，说明《老子》的语句是"史官们向来保存的知识"。可见,《老子》与史官的知识在思想上具有一定的渊源。

孔子问道于老子,可以视为长安文化和齐鲁文化的一次大交融。孔子曾经高度评价老子说:"鸟,吾知其能飞;鱼,吾知其能游;兽,吾知其能走。走者可以为罔,游者可以为纶,飞者可以为矰。至于龙,吾不能知,其乘风云而上天,吾今日见老子,其犹龙乎?学识渊深而莫测,志趣高邈而难知;如蛇之随时屈伸,如龙之应时变化。老聃,真吾师也!"

老子讲柔道治国,主张"不诱发人欲,民心就不会乱"。

在中国人的观念中,老子是在函谷关前作的《老子》。《老子》、《易经》和《论语》被认为是对中国人影响最深远的3部思想巨著,而神奇的是,其中两部都应该是诞生于长安大地。老子的著作、思想不仅是中国传统文化的宝贵财富,更成为世界历史文化遗产。从19世纪初开始,欧洲国家就着手研究《老子》。20世纪的四五十年代,欧洲有60多种《老子》译文面世,包括哲学家黑格尔、尼采,文学家列夫·托尔斯泰等世界著名学者都对《老子》有深入细致的研究,甚至出版有专著或发表过专论。

苏联汉学家李谢维奇也不无留恋地说:"老子是国际的。"英国科学家李约瑟一生致力于研究中国,对中国文化情有独钟,他说中国文化就像一棵参天大树,而这棵参天大树的根在道家。李约瑟研究中国逐渐深入后,对老子、道家在中国文化中的重要地位深信不疑,甚至晚年自称是"名誉道家""十宿道人"。

20世纪80年代,据联合国教科文组织统计,在世界文化交流中,译成外国文字出版发行量最大的是《圣经》,其次就是《老子》。

# 八、文思无邪

## ——《诗经》中的长安

《诗经》是中国古代诗歌的开端,也是中国最早的一部诗歌总集,全书收集了西周初年至春秋中叶的诗歌,反映了西周初至春秋中叶约500年间的社会、历史和民俗等方面的风貌。

《诗经》是劳动人民的智慧结晶,其具体作者绝大部分已经无法考证,据说它们为周宣王时期的尹吉甫采集,孔子曾做过编订并作为基本教材使用。《诗经》在先秦时期称为《诗》,或取其整数称"诗三百"。到西汉时被尊为儒家经典,始称《诗经》。《诗经》在内容上分为"风""雅""颂"三个部分。《风》是周代各地的歌谣;《雅》是周人的正声雅乐,又分《小雅》和《大雅》;《颂》是周王室和贵族宗庙祭祀的乐歌,又分为《周颂》《鲁颂》《商颂》等。

总体来看,《诗经》是西周礼乐制度的直接产物,其编纂是因循周公制礼作乐的理念而逐渐成熟的,在成康时期初步成形,有所谓"诗三百"之说,《墨子·公孟》曾记载:"颂诗三百,弦诗三百,歌诗三百,舞诗三百。"实际上《诗经》在墨子生活的春秋战国时代大约只有300篇了,所以孔子才说"诗三百,一言以蔽之,曰:思无邪"。可见,《诗经》从最初的千余首变成后来的300首左右,是经过多次修订的。

《诗经》的全部功用,即《颂》的"以其成功告于神明者",《雅》的"言王政之所以兴废也",《风》的"展义可观人俗"。就其本体而言,《诗经》最初是周之礼乐中的"弦歌讽喻之声"。

《诗经》是中国文学的经典之作。孟子讲:"王者之迹熄而《诗》亡,《诗》亡然后《春秋》作。"在孔孟看来,《诗经》代表的就是王道政治。《诗经》中有西周礼乐社会的诸般风貌,透过《诗经》,我们可以触摸到西周社会的真实生活。

西周建国革命的波澜壮阔,在《诗经》中就有反映,《大雅·文王有声》唱诵"文王受命,有此武功",可见周人是把建立丰邑的周文王作为建国大业的奠基人的。

及至武王秉承父志,锐意进取,伐纣剪商,终于经历血流漂杵的牧野战役,攻入商都朝歌,以小邦周倾覆大殷商,一举而得天下,实现了文武革命的改朝换代,因此《周颂·武》如此总结文武革命:"于皇武王,无竞维烈。允文文王,克开厥后。嗣武受之,胜殷遏刘,耆定尔功。"

这是讲文王为子孙开创了万代千秋之基,而武王继承文王遗志,最终克殷而成就功业。

对西周的成康盛世,《诗经》中如此赞叹:"自彼成康,奄有四方,斤斤其明。"当周厉王施行暴政,诗人们又发出"民亦劳止,汔可小康。惠此中国,以绥四方"的劝谏。身在周代,自然希望政权能够如月之恒,如日之升,如南山之寿。

对西周的国家治理状况,《诗经》总结说:"大师维垣,大邦维屏,大宗维翰,怀德维宁,宗子维城。"几句话就使西周的宗法分封、都邑并行制度,以及推行德政的施政特色跃然纸上。统治者应该继承和发扬先祖的精神,通过"靡不有初,鲜克有终"进行规诫;对品行,则以"敬慎威仪,维民之则"进行督导;对其勤政,则极力讴歌。《庭燎》实为典型:

> 夜如何其?夜未央,庭燎之光。君子至止,鸾声将将。
> 夜如何其?夜未艾,庭燎晣晣。君子至止,鸾声哕哕。
> 夜如何其?夜乡晨,庭燎有辉。君子至止,言观其旂。

这首诗歌的意思是说,已是夜里什么时光?还是半夜不到天亮,庭中火炬熊熊闪光。早朝诸侯开始来到,旗上銮铃叮当作响。已是夜里什么时分?黎明之前夜色未尽,庭中火炬一片通明。早朝诸侯陆续来到，旗上鸾铃叮咚齐鸣。已是夜里什么时辰？夜色消退将近清晨，庭中火炬光芒渐昏。早朝诸侯已经来到，抬头同看旗上龙纹。

西周社会建立在血缘宗法制度上，家族是国家的基本因子，家族的团结关系重大，《诗经》中对此谆谆告诫说："秩秩斯干，幽幽南山。如竹苞矣，如松茂矣。兄及弟矣，式相好矣，无相犹矣。"

"常棣之华，鄂不韡韡，凡今之人，莫如兄弟。死丧之威，兄弟孔怀。原隰裒矣，兄弟求矣。脊令在原，兄弟急难。每有良朋，况也永叹，兄弟阋于墙，外御其务。"兄弟虽然可能不睦，但在关键时候必须一致对外，《诗经》中的这段话可谓家喻户晓。

西周是君子的国度，因此《诗经》中有大量咏叹君子的佳作，《小雅·菁菁者莪》极尽君子的恋恋不舍：

菁菁者莪，在彼中阿。既见君子，乐且有仪。

菁菁者莪，在彼中沚。既见君子，我心则喜。

菁菁者莪，在彼中陵。既见君子，锡我百朋。

泛泛杨舟，载沉载浮。既见君子，我心则休。

对于朋友，周人热情好客，《小雅·鹿鸣》兴致高昂地唱诵"呦呦鹿鸣，食野之苹。我有嘉宾，鼓瑟吹笙"，并且在宴席之中奉上美酒佳肴。

《小雅·鱼丽》表达了朋友聚会时热情款待，场面隆重：

鱼丽于罶，鲿鲨。君子有酒，旨且多。

鱼丽于罶，鲂鳢。君子有酒，多且旨。

鱼丽于罶，鰋鲤。君子有酒，旨且有。

对于世界和外部关系的认识，周人的视野是开放的、自然融洽的，这在《小雅·鹤鸣》一章中有所反映：

鹤鸣于九皋，声闻于野。鱼潜在渊，或在于渚。乐彼之园，爰有树檀，其下维萚。它山之石，可以为错。

鹤鸣于九皋，声闻于天。鱼在于渚，或潜在渊。乐彼之园，爰有树檀，其下维榖。它山之石，可以攻玉。

对西周的农业生产，《周颂·载芟》如此描述：

载芟载柞，其耕泽泽。千耦其耘，徂隰徂畛。

这几句诗生动刻画了西周农事开垦、播种直到收获祭祖的情形，反映了农业劳动的生气勃勃和共力合作获得丰收的喜悦。由《周颂·良耜》"百室盈止，妇子宁止"，可见西周社会人丁兴旺，建筑业也得到了蓬勃发展，新的住宅鳞次栉比，一幢幢高大的屋宇破土而立。《小雅·斯干》说"筑室百堵，西南其户。爰居爰处，爰笑爰语"，真是百废待举、日新月异的社会气象。《小雅·无羊》说："谁谓尔无羊？三百维群。谁谓尔无牛？九十其犉。尔羊来思，其角濈濈。尔牛来思，其耳湿湿。"短短几句，给我们生动展示了西周社会畜牧业生产的繁盛景象。

战争是暴力、血腥的表达，但《诗经》也充满着人文的悲悯情怀。《小雅·出车》赞美南仲的英勇与忠心："王命南仲，往城于方。出车彭彭，旂旐央央。天子命我，城彼朔方。赫赫南仲，玁狁于襄。"《小雅·采芑》表彰方叔："显允方叔，征伐玁狁，蛮荆来威。"《大雅·常武》则赞叹程伯休父道："左右陈行，戒我师旅。率彼淮浦，省此徐土。"都是寥寥几笔，传神而生动。

西周的盛世，如旭日初升，"凤凰鸣矣，于彼高冈。梧桐生矣，于彼朝阳"，"南有嘉鱼，烝然罩罩。君子有酒，嘉宾式燕以乐"，多么和谐融洽。

西周的自然环境，如"原隰既平，泉流既清"，"芃芃黍苗，阴雨膏之"，"崧高维岳，骏极于天"，多么雄奇瑰丽。

西周的君子，如"吉甫作诵，穆如清风"，"南山有台，北山有莱。乐只君子，邦家之基"，庄重有担当，能够让人"蓼彼萧斯，零露湑兮。既见君子，我心写兮"而念念不忘。

西周的女子，"巧笑倩兮，美目盼兮"，"何彼浓矣，华若桃李"，"桃之夭夭，灼灼其华"，娇艳而动人。

西周的爱情，如"关关雎鸠，在河之洲。窈窕淑女，君子好逑"般美妙，如"南有乔木，不可休思。汉有游女，不可求思。汉之广矣，不可泳思。江之永矣，不可方思"般余韵悠长。

《诗经》中很多名句朗朗上口，成为传世经典。

# 第四章 西陲崛起，一路东进

秦国作为周天子的分封国，因勤王有功，得以继承西周王道政治沁润的关中沃土。春秋时期，秦穆公在西陲兼国十二，开地千里；战国生死存亡之际，秦献公、秦孝公求贤若渴，坚持变法；后秦惠王、昭王沿袭孝公的变法图强、重用客卿路线，终于在竞争中一骑绝尘，为春秋战国的大分裂局面由秦终结奠定了根基。

# 一、东进序曲
## ——早期秦国的发展

"秦王扫六合,虎视何雄哉!挥剑决浮云,诸侯尽西来!"

李白的诗句形象地刻画了秦人气吞山河的气势。秦国从被诸侯鄙视、"丑莫大焉"发展成一个"振长策而御宇内"的中央大帝国,无疑是一个奇迹。其历史特质绝非长期所言的"强""暴"二字所能简单概括。

秦,嬴姓。早在殷商甲骨文中,就有关于秦之辞例。在金文中,"秦"字为上从两手持杵、下从禾之形,表示收割禾苗的意思。其本义,《说文》称:"秦,伯益之后所封国。地宜禾,从禾舂省。一曰秦,禾名。"可见"秦"字本身就具有中国农耕文明的显著特色。《汉书·地理志下》说秦"号称陆海,为九州膏腴",其地"迫近戎狄,修习战备,高上气力,以射猎为先"。秦在西周时期,受封历史较短,因此没有受西周宗法势力太多束缚,是一个以农战为发展纲要的国家。

关于秦人早期历史的材料比较缺乏,仅仅其起源问题就一直让研究者如雾里看花。有关其种族来源,大致有"东来说""西来说""北来说"等。20世纪末,西北大学黄留珠先生提出"源于东而兴于西"的混合二元说,这是一种折中调和的意见。

关于秦的早期历史,《史记》的记载虽然有不少神话色彩,但却是我们了解秦部族的起源及其早期活动不可或缺的最直接资料。对于它的族源,《史记·秦本纪》记载:

秦的祖先是颛顼帝的后裔。颛顼帝的孙女,名叫女脩。女脩吞食了玄鸟的蛋,生下儿子,名叫大业。大业娶了少典部族的女儿,名叫女华。女华生下大费,大费辅助夏禹治理水土。治水成功后,舜帝为表彰禹的功劳,赐给他一块黑色的玉圭。禹接受了赏赐,说:"治水不是我一个人能完成的,也是因为有大费做助手。"舜帝说:"啊!大费,你帮助禹治水成功,我赐你一条黑色的旌旗飘带。你的后代将会兴旺昌盛。"大费行拜礼接受了赏赐,为舜帝驯养禽兽,禽兽大多驯服。这个人就是柏翳,舜帝赐他姓嬴。

在远祖非子时期，秦人居于犬丘，因为给周孝王养马，"马大蕃息"，于是孝王指定其为周天子养马，"朕其分土为附庸，邑之秦。使复续嬴氏祀，号曰秦嬴"。秦之地名，在今甘肃清水县一带，非子以此为根据地，其后秦出现了"西犬丘"和"秦"并立的政局。

西周后期，西部戎狄部落不断进攻渭河流域，周王利用秦人抵御戎狄，为此册封秦人的首领秦仲为"大夫"。"秦仲……始有车马礼乐侍御之好，国人美之，秦之变风始作。"所谓的"秦仲变风"，大概指对社会民俗习惯的变动。秦仲可谓秦国变法改制的先行者，其改革追慕中原先进文明，改变秦人在戎狄中形成的一些剽悍野性。从此，秦获得了周天子的嘉奖册封，从最初的附庸一跃而为大夫，并在秦国内部初步建立了仿周的政治体制。

《车邻》据说是描写秦仲时期秦地朋友见面，高兴地并肩而坐、弹瑟吹簧的诗歌，可见其时的秦国已经颇有文明礼义之邦的风采了。

秦仲在征讨西戎时被戎人所杀，此事大约是在周宣王四年（前824年）。但是在其子秦庄公以后，秦"其先大骆地、犬丘并有之，为西垂大夫"，从而成为嬴姓的大宗了。

这对秦而言是一场划时代的巨变。秦人敢为人先的先进政治变革思想无疑奠定了其后崛起的强大心理基础。

庄公在位44年，其子襄公即位。

秦的崛起，一般认为以襄公第一次东进关中为标志。由此，秦国终于登上了历史的舞台。

前771年发生了那场骊山烽火戏诸侯的闹剧，犬戎作乱，周幽王命丧骊山，他的儿子宜臼继位，是为周平王。秦襄公"将兵救周，战甚力"，勤王有功。在西周灭亡、平王东迁洛邑的过程中，"襄公以兵送周平王"，"平王封襄公为诸侯，赐之岐以西之地"。周平王甚至感激地对襄公说："戎无道，侵夺我岐、丰之地，秦能攻逐戎，即有其地。"虽然周天子的活动中心离开丰镐地区，迁徙到了今河南洛阳一带，但由此秦"始国，与诸侯通使聘享之礼"，取得了与其他分封诸侯平等的政治地位，并占据了周人的龙脉兴起之地。因此司马迁称"秦起襄公"，正是肯定了襄公作为秦国历史奠基人的尊隆地位。

《史记·封禅书》说，秦襄公既为诸侯，居住在西部边陲，自以为是少暤神的代表，作西畤祭祀白帝，牺牲用马驹、黄牛、羝羊各一。过了16年，秦文公往东方打猎，来到汧、渭二水之间，想留居下来，卜得吉兆。文公梦见有一条黄蛇，身子从天上下垂到地面，嘴巴一直伸到鄜城一带的田野中。文公以梦中的事问史敦,史敦回答说:"这是上帝的象征,请君祭祀它。"秦文公于是建立了鄜畤,用三牲大礼郊祭白帝。显然,这些宗教行为使得秦首领的强制性权力得以基本确立。

关中本是周人宗属,周人浓厚的文化影响,无疑成为秦以后走向强大的不竭动力。秦文化是在周文化的母体中孕育的,秦人进行的"伐戎"战争,名义上就是为周而战。周带来的影响主要体现在:一、使得秦人合法地拥有了武力;二、使得秦国的政治体系在周人册命的名义下进一步形成。

李学勤先生曾指出:"秦代年祚短促,然而秦人的制度渊源有自,秦国的兴起,本在宗周废墟之上,其秉承西周传习之处,反较关东六国为多,从考古学对秦文化的研究,已可窥见,秦的制度很多地方都来自周礼。"

秦文公主政是秦走向关中的重要时期。前763年,秦文公攻入关中,在今天的汧水与渭河交汇地带(宝鸡)修筑城邑,建立了秦人前进的根据地。《史记·六国年表》云:"文公逾陇,攘夷狄,尊陈宝,营岐雍之间。"

随后秦文公对秦国进行了一系列改革:

一、迁都汧渭。秦文公东猎,并非军事掠夺,而是希望逐步向东发展。要占据汧水流域,必须建立牢固的根据地，这就是汧渭建都，文公无疑给秦的东进关中打下了一个牢固的根基。

二、设置法律，颁布历史记事。在西周时代，因罪责受罚，家族的各代一般自负其责，互不株连。秦的连坐族诛，始于文公，这是典型的中国家族式刑法。文公还设立了最初的国家史官，这无疑是秦国文明意识大大进步的表现。有学者明确称："《秦记》一书，子长必亲睹之，故所作列传，不详于他国，而独详于秦。……迁岂有私于秦哉？据《秦记》为本，此所以传秦人特详乎！"秦国有确切纪年的历史始于秦侯，可见在秦文公官修史书以前，秦人已经有了比较完整的国史记录程序，至文公时期则是更加完备了。

据《史记索隐》引《晋泰康地志》记载，秦文公时（？—前716年），有个猎人捕获一只怪兽，不知是何物，就去献给秦文公。路遇两"儿童"，竞相嚷着说："这兽是媦精，常在地下吃死人脑浆。"猎人听后，想打死这怪兽，就用枝条抽打兽头。此时，怪兽突然高喊着说："这两个儿童才不是人呢，都是野鸡精，名叫陈宝。得雄的，可成为天下之王；得雌的，能称霸于天下。""儿童"见面目被揭穿，就现出原形飞走了。雌的飞到陈仓山北坡，被捕捉后，变成石鸡；雄的飞往东南。

这个故事荒诞不经，却用谶纬学说透露出秦在文公时期已有后来的霸业气象。后秦宪公迁都平阳（岐山），攻灭亳，控制关中西部。前697年，秦武公率军讨伐彭戏氏，至华山脚下，10年后又回师征服了陇西地区。经过几代秦公长期的经营，一个强大的以丰、岐为中心的新国家终于开始展露峥嵘了。

# 二、广地千里
## ——秦穆公称霸西戎

前659年,秦穆公即位。面对"齐晋为强"的春秋政局,穆公苦心经营,在他的治理下,秦国出现了发展的最佳的时期。

穆公是一个胸怀宽广的政治领袖,非常重视选拔人才,求贤若渴,对"客卿"非常重视。百里奚本来是虞国的大夫,虞国被晋献公用"假途灭虢"之计灭亡后,秦穆公慧眼识珠,用5张羊皮赎回沦落为奴隶的百里奚,并委以国政。除了百里奚,秦穆公还任用了由余、公孙支、孟明视等很多具有大格局大视野的政治人才。对此,李斯曾撰文赞颂穆公"西取由余于戎,东得百里奚于宛,迎蹇叔于宋,求丕豹、公孙枝于晋"。这可说是秦代"客卿制度"的真正开始。

穆公任人唯贤，用人不疑。东进战略因与晋国发生"崤之战"受挫后，秦军损失惨重，但穆公并没有治罪于统帅孟明视、西乞术、白乙丙，而是将这次失败归咎于自己。他反思说主要原因是自己没有听取蹇叔的忠告，才导致了战争失败。穆公"不以一眚掩大德"，在他的坚持下，"遂复三人官秩如故，愈益厚之"。两年后的彭衙之战中，孟明视再次失败，但穆公仍没有治罪，重用不疑。在秦穆公的信任和支持下，孟明视率领秦军"渡河焚船，大败晋人，取王官及鄗"，不负众望，大获全胜，并为战争中死难的秦军将士祭祀安魂。前627年，因崤之战失败而写成的《秦誓》中的文字，堪称穆公"任人唯贤"的人才宣言：

番番良士，旅力既愆，我尚有之。仡仡勇夫，射御不违，我尚不欲。惟截截善谝言，俾君子易辞，我皇多有之。

在宗法制度尚未完全瓦解，宗族势力仍很强大，"任人唯亲"是主流机制的春秋时代，穆公任人唯贤的历史意义重大，如今读来依然振聋发聩。

秦穆公推行德政，十分注意收揽人心。秦穆公走失了一匹骏马，岐山脚下的乡野农夫300多人抓到了马，并且将马肉分吃了。官差追捕到吃马肉的人，想要按照律令处罚他们。穆公说："贤德的人不因为牲畜而伤害人。我听说吃马肉却不喝酒，会伤身体。"

于是把酒赏赐给他们并且赦免了他们的过错。一年之后，这些人听说秦国要攻打晋国，都请求追随。韩原之战时，穆公被晋军围困，形势危急，这些人都拿着武器拼死相救，来报答穆公赦免吃马之罪的恩德。这次战役秦穆公最终反败为胜，俘虏了晋君，班师回国。据说今天宝鸡凤翔城东南的义坞，古称"野人坞"，就是由秦穆公这一典故而得名。

一次，戎臣由余和穆公一起参观秦国的宫殿，由余看完以后很是感慨，认为这些建筑巍峨高大，过于劳民伤财了。秦穆公回答他："中国以诗书礼乐法度以为政，然尚时乱，今戎夷无此，何以为治，不亦难乎？"可见，西周所倡导的礼乐制度，是秦穆公身体力行的治国韬略。

《左传》中还有个故事，说明周礼对秦穆公的影响深远。当年晋文公流浪到秦，穆公把怀嬴赐给文公做夫人。一次文公洗漱，不符合周礼的规定，怀嬴特别生气，认为晋文公如此做是在轻视她，晋文公只得灰头土脸地向这位来自秦国的夫人道歉。

穆公对外一直坚持积极友好的外交政策，发扬以德服人的外交风范，"秦晋之好"就是他和晋国通婚的历史产物。在晋惠公、晋文公身处险境的时刻，他曾护送两位国君回国。他积极参与政治活动，并主导了"尊王"活动。在对外交往中，穆公有儒家称颂的君子之风。晋惠公开始在本国的政治斗争中处于劣势，后来在秦穆公的支持下顺利成为国君，但他上位后，却毫无感恩之心，甚至背信弃义，出兵攻打秦国。面对这种情况，秦穆公依然遵守自己的做人原则，当晋国遭遇饥荒时，他没有袖手旁观，更未伺机报复，反而积极帮助赈灾。

由于秦穆公的内外政策和为君之道都顺应了历史发展的潮流，秦国国力快速增强。当时秦国统治下的关中已经开始使用铁器，粮食丰足，甚至能救济晋国的饥荒，可见秦穆公时期国家的经济实力不可小觑。

穆公制定了先西后东的战略方针，"兼国十二，开地千里"，威震天下，成为春秋时期的五霸之一。当时的周天子还特派使者入秦祝贺，赐穆公铜鼓12只，承认他在西方的霸主地位。司马迁评论说："自穆公以来，稍蚕食诸侯，竟成始皇。"马非百先生也高度评价穆公说："秦人异日统一之基，实自穆公建之。"

秦穆公以后，秦国一度发展缓慢，国势有所衰退，但是秦人并没有停止东进的步伐。哀公时曾经发兵南下救楚；惠公在位期间，出兵征伐蜀国，还占领了南郑；等等，这都是春秋晚期秦人重要的发展步伐。

在战国以前长期的开疆拓土中，秦人与周边少数民族既有融合又有斗争，形成了尚武的风尚。秦人建国是比较特殊的，与西周前期所分封的诸侯不同。因为周秦之间没有血缘关系，秦又是西周之后见于史载的由周直接册命的唯一重要诸侯国，可以说战争因素是秦国形成的重要动因。春秋以前，戎周矛盾激化，秦人陷入了长达百年的战争岁月，为生存付出了惨重的代价，也由此养成了坚忍不拔的性格。战争因素于秦之崛起无处不在，这一点在考古发现中也有反映，如春秋时期的秦国文物中，车马器、兵器乃是大宗。级别较高的秦人贵族墓葬，甚至如大堡子山春秋早期秦公墓M2中，也有大批量的铜柄铁剑、青铜剑被发现，秦子戈、秦子矛也曾大量涌现于秦人墓葬之中。

秦人尚武习俗逐渐上升为一种部族精神，这种坚韧不拔、积极进取、团结奋进的精神对以后秦国变法和最终统一全国都起到了非常重要的作用。

《无衣》就描写了这种气概：

岂曰无衣？与子同袍，王于兴师，修我戈矛，与子同仇！

岂曰无衣？与子同泽，王于兴师，修我矛戟，与子偕作！

岂曰无衣？与子同裳，王于兴师，修我甲兵，与子偕行！

## 三、献公当政
### ——秦献公的改革

战国初期秦国一度衰落，秦献公当政，是战国时期秦国发展史上的里程碑。献公当政期间，实施了多项改革。

第一，宣布"止从死"的法令。"止从死"法令的颁布，废除了野蛮的人殉制度，这是中国人权史上不朽的光辉篇章。从根本上说，"止从死"法令是扩军的需要，以避免秦国青壮年劳动力被白白地杀死。此前，秦国的贵族以殉葬人的数量和质量来显示自己的身份，每年都要因人殉杀死大量的青壮年。这种原始社会的"献爱"遗风影响深远，延续时间较长，连被秦人赞誉有加的秦穆公也不例外：穆公在前621年死亡，为其殉葬者多达177人。当时的人们对秦穆公死时令大臣贤士奄息、仲行、鍼虎殉葬颇有非议，这一残忍的行为在《黄鸟》中就有记载：

> 交交黄鸟，止于棘。谁从穆公？子车奄息。维此奄息，百夫之特。临其穴，惴惴其栗。彼苍者天，歼我良人！如可赎兮，人百其身！
> 
> …………

诗歌假借黄鸟的哀鸣进行反复哀叹，表达了对为穆公殉葬之人的惋惜。诗歌中感慨，这些殉葬的人之中很多都是人才俊杰、大臣贤士，他们被活埋残忍且可惜，如果能挽留他们，很多人都愿意替代。

后世考古也证实了殉葬的史实。在临潼秦公1号大墓中，即发现有大量的殉人、殉兽遗骸。献公废除秦国长达数个世纪的野蛮杀人殉葬陋习，这是对贵族特权的一种限制，同时也极大地解放了下层的奴隶与普通百姓，有力调动了他们为国家服务的积极性，缓解了秦国的阶级矛盾，并对外树立了秦国具有人道主义精神的文明新形象，这是秦国社会进步的里程碑。

"从死"开始于远古社会，而且一直在中原各国盛行。在春秋战国时期，即使是被视为文化先进、代表着周礼的晋国也不例外。

《左传》记载，秦桓公讨伐晋国。军队驻扎在辅氏。魏颗在辅氏打败了秦国军队，俘获了秦国的强将杜回。先前，魏武子有个妾室，无子。魏武子生病时，对儿子魏颗说："一定要把她嫁出去。"病情加重时，又说："一定要她给我陪葬。"等到魏武子死了，魏颗把这个妾室另嫁了他人，未让她陪葬，说："生了重病就会乱了心智，我要听从父亲理智之时的话。"到辅氏战役时，魏颗见一个老人用编成的草环绊住杜回，杜回颠簸着跌倒了，所以才被俘获。夜里，魏颗梦见这位老人对他说："我就是你嫁的那个小妾的父亲，你遵从你先人理智之时的嘱托，未把我女儿陪葬，我这样结草帮你抓获杜回，就是回报你的大恩大德的。"

这个"结草报恩"的神奇故事反映了中原地区殉葬观念的变迁。

秦献公以前，秦国人殉现象相当流行，献公废除这种以人殉葬的制度，为秦国挽回了大量的劳动力，为秦国的农业生产、工商业生产消除了人力缺乏的不利因素。作为殉葬制度的变通措施，秦国的贵族开始以陶俑代替真人殉葬，这也是其后秦始皇兵马俑震撼出现的一大历史主因。

第二，迁都栎阳。为应对战国时期日益严峻的国际时局，秦献公决定把首都迁到栎阳，这是秦国东进的重大步骤。

秦献公二年（前383年），为了"镇抚边境，徙治栎阳"，即将国都从雍（今陕西凤翔）迁往栎阳。《史记·秦本纪》说"（献公）二年，城栎阳"，《史记集解》引徐广语"城栎阳"即"徙都之",《帝王世纪》也记载:"至献公即位,徙治栎阳。"献公将都城迁到了秦国东部、地近河西地的栎阳(今陕西西安临潼栎阳街道东北12.5千米武家屯)。

栎阳,当地人称"古儿屯"。它西面是周人的旧都岐周、丰京和镐京,可沿着渭河出函谷关直达广阔的中原地区,北面横亘着黄河,可以由此东渡,挺进韩、赵、魏三国腹地,既是战略重地,又是商贸中心。《史记·货殖列传》描绘栎阳说:"北却戎狄,东通三晋,亦多大贾。"献公此次迁都,目的在于摆脱旧贵族势力的控制,有利于改革措施的推行。

当时魏国已经占有与秦交界的河西地区,并设立河西郡,从此侵犯秦国游刃有余;而秦都雍处于关中西部,距离河西之地很远,不利于与魏国进行战略相持,而新都城栎阳距离河西郡50千米,正显示出献公收复河西的坚定决心。自都栎阳之年到秦孝公十二年(前350年)徙都咸阳,栎阳作为秦的首都,有33年之久。

秦献公十八年(前367年),忽然天降陨石雨于栎阳南。献公认为这是天降祥瑞,专门在栎阳南设祭坛祭祀白帝,并将陨石落下的地方更名为雨金(今陕西西安临潼雨金镇),《史记》和《汉书》对此事均有记载。

栎阳城遗址,据1964年陕西省考古队的考古报告,其东西长约2.5千米,南北长约1.6千米,有6个城门,内有东西向两条街道，南北向一条街道。第二次发掘是在1980—1981年，由中国社会科学院主持。这次考古发现栎阳城有3个城门，均为"一门一道制"，在城中并未发现豪华的宫殿和享乐场所，但发现了规模较大的冶铁作坊，可见栎阳当时主要是作为军事堡垒。

迁都栎阳，是献公新政的重中之重，营建栎都，一反雍城的富丽堂皇，而是重视军事建置，这满足了对魏国作战的国防需要。所以学界有部分学者认为秦献公徙都栎阳说是不可靠的，栎阳只是秦国东进的重要军事据点，其时秦的首都仍在雍城。为调和两论，亦有学者提出"两都制"的看法，也就是雍都和栎都同时并存，一个侧重宗庙，一个侧重军政，但学界争议依然较大。以后世的两京制度做参照，栎阳为秦国军事首都的可能性很大。

第三，实行"户籍相伍"政策。西周实行的是"三年一换土易居"的农业管理政策。土地占有者承认国家对土地的所有权，并以劳役地租的形式使用土地。秦简公时期实行"初租禾"制度，从此土地所有制形式发生很大变化，劳动者开始拥有土地使用权与所有权，国家承认了土地私有的合法性，然后按照制度收取租税。"初租禾"制度削弱了国家对劳动者个人的管理和控制，对整个农业生产过程也失去了控制权。国家如何有效地管理控制劳动人民，尤其是实现对农业生产等经济命脉的控制,保证国家的正常收入,成为献公时期的一大难题。

面对这一难题,秦献公十年(前375年),秦开始推行"户籍相伍"政策,打散了西周以来"国野制度"对人的阶级区分,将全国人户按五家为一伍的"户籍相伍"制编制起来,从而在法律上肯定"野人"(奴隶)享有与"国人"(自由民)相同的社会地位,使所有的人都成为国家的"民",即后世所称的"编户齐民"。这条政策加强了对自耕农阶层的控制,调动了人民的生产积极性,增强了政府的实际控制力。此外,从军事角度组织的严密性着眼,这一政策也有利于征兵需要。总之,从此政府有效地实现了对人民的监督,尤其是对生产的管理,保证了国家的安全、安定。

第四,"初行为市"。秦献公七年(前378年),宣布在国都"初行为市",即公开允许商人在国都自由从事商业活动,并开始对工商业进行规范管理,抽取营业税。这打破了西周社会"工商食官制度"下对私人商业活动的种种限制,取消了王室的垄断经营,促进了社会的发展和家族宗法制度下自由平民的经济与人身解放。"初行为市"的财政政策无疑为秦国的国库带来了大量的收入,秦国经济实力倍增。1963年在栎阳城遗址发现了大量的秦国金饼和带有"栎市"戳印的陶器,这是秦国商品经济已经取得巨大发展,秦国市场繁荣的历史缩影。

第五，在蒲（今山西隰县北）、蓝田（今陕西西安蓝田西）等地设县。县制本始于春秋时代。楚、晋等大国皆有所设，作为军事控制手段，起初主要推行于边远地区。秦献公六年（前379年），献公为了巩固君主集权，把蒲、蓝田、善明氏（秦国邑，其地不详）等边境地区改建为县，派官吏进行管理。秦的中央权威得到很大的加强。十一年（前374年），献公又"县栎阳"，就是在都城直接设县进行直辖，这更是意义非凡，直辖县是战国时期秦国的政治管理首创。

秦献公在"户籍相伍"改革之后，才推行县制，这与之前仅于边远地区设县的做法不同。他试图用这种军政合一、官吏由国君任免的行政官僚组织，抵制和削弱旧贵族封邑世袭的特权，事实表明这种地方政权的建立非常有效，其经济意义也是十分显著的。这一政权建设是为组织生产、管理生产、保证国家财政收入而建立，为商鞅变法时期全国推行县制奠定了良好的基础。由此诸多改革措施，秦献公强化了以栎阳为中心的首都军事圈，并为军事设防转化为军政合一的政权机构起到了承前启后的作用。秦献公的改革对战国时期秦国国力复苏和新型君主官僚制发展有着深远的意义。

秦献公十九年（前366年），韩、魏两国威胁周天子，秦献公以此为借口，起兵勤王。秦军在洛阴（今陕西大荔西）大败韩魏联军，从而提升了秦国的国际地位，从此，秦国开始从国内不停的内讧转向一致的外战争夺。从秦献公起，秦国国际地位日益显赫，积极参与中原事务。

正因秦献公改革，秦国日趋强盛，前364年的石门（今山西运城西南）之战中，秦斩首魏军6万，是为战国时秦对东方强国魏的第一次巨大胜利。关东诸侯闻之无不震惊，秦献公把此战夺取的土地赏给了秦国的新兴地主和贵族阶层，这就使阶级矛盾得到了更进一步的缓解。周显王亲自向献公"贺以黼黻"，献公还被赐予"伯"的称号。

秦献公二十三年（前362年），秦又利用魏国与韩赵大战而无暇西顾之机，挥军夺取战略重地河西，献公派庶长国为将，在少梁（今陕西韩城西南）大败魏军，俘虏了魏相公叔痤，收复了庞城（今陕西韩城东南），从而扭转了在河西之争中秦国一直处于下风的局面。魏国本是七雄之中的首霸，"武卒"彪悍强大，秦能够一再战胜魏军，昭示着秦在战国初年的"国乱兵弱而主卑"局面得到了有效的遏制，并在献公的政治变革中逐渐走上崛起之路。

# 四、商鞅革新
## ——秦孝公、商鞅的变法

王充赞叹秦孝公和商鞅的功业说:"商鞅相孝公,为秦开帝业。"《盐铁论·非鞅》也云:"商鞅相秦……国富民强……"

商鞅变法,是秦国能够坚持不懈、兢兢业业前行并最终统一天下,结束春秋战国500年纷争的根本原因所在。商鞅变法,是完备的政治体制改革,由此使得秦走上了彻底的改革化发展道路。在列国中,秦国是从旧制度完成转型最好最成功的。

虽然秦的政权很快被推翻,但是商鞅所开创的国家制度依然牢不可破,商鞅变法中锻铸的这一把钥匙,可以开启秦代以后中国古代历史社会的政治密码箱。

商鞅变法作为战国时期一场最彻底、最有成效的社会改革，它发生的条件是具体的、历史的，我们可以总结为5项：1.秦献公的社会改革已见成效；2.秦孝公即位初年的秦国面临生死存亡的严峻形势；3.魏文侯变法与吴起变法提供的宝贵经验和历史教训；4.秦孝公总结秦国历史上兴衰的教训并参照魏、楚等国家的经验，坚定变法的决心；5.商鞅吸取各国经验，结合秦国实际，提出了一整套具备创见、切实可行的改革方案，得到了孝公的完全信任和大力支持。

孝公和商鞅的相知相遇，是历史的机缘巧合，在古代，这种君臣同心是极其罕见的。在秦国历史上，秦孝公是继秦穆公以后又一位大有作为的国君。孝公初期，秦是比较落后的国家，"六国卑秦，不与之盟"，孝公感到强邻的欺压，决心奋发图强，改变国家的落后面貌。在魏国得不到重用的商鞅"闻是令下"，西入秦国求见孝公，得到擢拔。因此，秦孝公的发奋图强是商鞅变法的前提，没有秦孝公的图强图变，就不可能有后来的商鞅变法。既用商鞅，孝公便对其非常信任。商鞅改革之初，"百姓苦之"；商鞅相秦10年，"宗室贵戚多怨望者"，但秦孝公始终没有动摇对商鞅的充分信任，甚至孝公在病重之际，还曾打算把君位传给商鞅。正是因为这样充分的信任，才使商鞅能放开手脚，大刀阔斧地推行秦国的改革大业，而其他六国的变法改制者就很难有这样的幸运机缘了。

前361年，一代贤主秦献公卒，王位传到了秦孝公手里，孝公时年只有20岁。西汉的政论家贾谊曾在《过秦论》中赞叹这位秦国统治者气吞山河的胸襟：

> 秦孝公据崤函之固，拥雍州之地，君臣固守以窥周室，有席卷天下，包举宇内，囊括四海之意，并吞八荒之心。当是时也，商君佐之，内立法度，务耕织，修守战之具，外连衡而斗诸侯。于是秦人拱手而取西河之外……

贾谊所说秦始皇"奋六世之余烈"，就是从秦孝公开始算起的。

孝公初即位，面临的是一个复杂困难的国际局势。

孝公元年（前361年），是时河、山以东强国六，淮、泗之间小国十馀，楚、魏与秦接界。魏筑长城，自郑滨洛以北有上郡；楚自汉中，南有巴、黔中：皆以夷翟遇秦，摈斥之，不得与中国之会盟。

孝公即位之初，秦国势力范围仅止于渭水两岸。同秦并立的几个大国，如魏国经历了李悝、吴起等策划的变法改革，国势正强。中原大国无不正在图谋复兴。当时国际舞台的霸主是魏国魏惠王，因自文侯、武侯推行变法以来，魏一直执诸侯牛耳，秦为魏的西邻，魏国占据着秦的河西重地，逼迫秦人节节西退，关中根基危殆，虽然献公时期夺回了曾失掉的部分河西地，并且对魏国发动了一些攻势，但是在魏惠王看来，秦国的所谓主动进攻，不过是"蚍蜉撼大树"罢了。

南面的楚国已经占有汉中盆地，也严重威胁到秦国的战略安全。秦国能否继续维持在列国中的地位已成为一个严峻的问题，遑论称霸图谋天下。因为在国际舞台上没有"话语权"，秦孝公深感羞耻。他视野开阔，决心弘扬乃祖秦穆公的有为精神，继承其父献公的创业雄风。

首先，秦孝公积极采取了一些有节制的国内改革措施。《史记·秦本纪》说他"于是布惠，振孤寡，招战士，明功赏"。这些政策，确实缓和了秦国内部的社会矛盾，稳定了较和谐的政治局面。

其次，秦孝公运筹帷幄，指挥秦军在军事上取得了"东围陕城，西斩戎之獂王"的两大胜利。这东、西两次出击的军事成功，振奋士气。西斩獂王巩固了秦人的大后方，取得了东进的给养基地；而东围陕城，则较为有效地遏制了魏国在河西对秦一直采取的蚕食方略。

秦孝公是有雄心壮志的君主，他并不以守成为满足，眼见秦国的积贫积弱，明晓列强因变法而蒸蒸日上，深知若不改弦更张，则国际舞台上永无秦国出头之日，甚至在白热化的争夺中有亡国灭种之忧。秦孝公深知秦国落后的原因是人才资源的匮乏，因此他求贤若渴，多方寻求良臣辅弼，《史记·秦本纪》记载有他旷古震撼的求贤令。

求贤令中，秦孝公称，从前，秦穆公在岐山、雍邑之间，实行德政、振兴武力，在东边平定了晋国的内乱，疆土达到黄河边上；在西边称霸于戎狄，拓展疆土达千里。天子赐予霸主称号。诸侯各国都来祝贺，给后世开创了基业，盛大辉煌。但是厉公、躁公、简公、出子，接连几世不安宁，国家内有忧患，没有空暇顾及国外的事，结果三晋攻夺了先王河西的土地，诸侯也都看不起秦国，这实在是莫大的耻辱。献公即位，安定边境，迁都栎阳，并且想要东征，收复穆公时的原有疆土，重修穆公时的政令。我缅怀先君的遗志，心中常常感到悲痛。宾客和群臣中有谁能献出高明的计策，使秦国强盛起来，我将让他做高官，给他分封土地。

孝公在政权初步稳定之后，席不暇暖，立即谋划强国大计，以海纳百川的胸襟，发布了这道人才招聘令。其中公开宣誓：谁能使秦国强大，就与谁分享秦国的最高权力。

郁郁不得志的商鞅知晓这道求贤令后，怀抱着远大的政治抱负，从魏国跑到秦国，四见孝公。在得到秦孝公的信任以后，励志推行变法。但是当时的秦国朝廷被保守势力所控制，要推行翻天覆地的改革运动，必然群情汹汹，自非易事。为确保新法的制定和实施，商鞅首先必须取信于君，坚定秦孝公的决策信心。孝公虽然对商鞅的政治宏图非常欣赏，但是对他的变革决心和应对政局的能力还需要考察。同时，变法自然会引起秦人尤其是旧体制下的既得利益群体的诸多非难，孝公自然也希望在决策做出前多听取朝中诸方面的意见，所谓兼听则明，偏信则暗。他作为最高统治者，乐意让商鞅和保守派势力正面交锋，于是在秦国的宫廷御前会议上，自然而然就爆发了一场关于是否需要改弦更张的空前论战。

《史记·商君列传》记载此事说：

孝公任用卫鞅后不久，打算变更法度，又恐怕天下人议论自己。卫鞅说："行动犹豫不决就不会搞出名堂，办事犹豫不决就不会成功。况且超出常人的行为，本来就常被世俗非议；有独到见解的人，一定会被一般人嘲笑。愚蠢的人事成之后都弄不明白，聪明的人事先就能预见将要发生的事情。不能和百姓谋划新事物的创始而可以和他们共享成功的欢乐。探讨最高道德的人不与世俗合流，成就大业的人不与一般人谋划。因此，圣人只要能够使国家强盛，就不必沿用成法；只要能够利于百姓，就不必遵循旧的礼制。"孝公说："讲得好。"甘龙说："不是这样。圣人不改变民俗而施以教化，聪明的人不改变成法而治理国家。顺应民风民俗而施教化，不费力就能成功；沿袭成法而治理国家，官吏习惯而百姓安定。"卫鞅说："甘龙所说的，是世俗的说法啊。一般人安于旧有的习俗，而读书人拘泥于书本上的见闻。这两种人奉公守法还可以，但不能和他们谈论成法以外的改革。三代礼制不同而都能统一天下，五伯法制不一而都能各霸一方。聪明的人制定法度，愚蠢的人被法度制约；贤能的人变更礼制，寻常的人被礼制约束。"杜挚说："没有百倍的利益，就不能改变成法；没有十倍的功效，就不能更换旧器。仿效成法没有过失，遵循旧礼不会出偏差。"卫鞅说："治理国家没有一成不变的办法，有利于国家就不仿效旧法度。所以汤武不沿袭旧法度而能王天下，夏殷不更换旧礼制而灭亡。反对旧法的人不能非难，而沿袭旧礼的人不值得赞扬。"秦孝公说："讲得好。"于是任命卫鞅为左庶长，终于制定了变更成法的命令。

通过这次御前会议，商鞅和秦孝公主张变革的思想占据上风，对秦国政治集团的思想起到了启蒙、凝聚的作用，让秦国的变革势力和商鞅在变法大计上达成了一定的共识。

对于秦国变法运动的主持者商鞅的身世，司马迁在《史记》中也有所记载。

《史记·商君列传》记载，商鞅是卫国国君的一个姬妾生的公子，名鞅，姓公孙，祖先原姓姬。年轻时就喜欢刑名法术之学，魏国国相公叔痤欣赏他，一直打算向魏王推荐。一次魏惠王去探望生病的公叔痤，公叔痤就趁机说："我的中庶子公孙鞅，年轻而有奇才，希望大王能把国政全部交给他,由他去治理。"魏惠王听后不置可否。送别魏惠王时,公叔痤屏退左右,说:"大王假如不任用公孙鞅,就一定要杀掉他,不要让他走出国境。"魏王答应了他的要求。公叔痤叫来公孙鞅说:"刚才大王询问能够出任国相的人,我推荐了你。看大王的神情不会同意我的建议。我当先忠于君后考虑臣的立场,因而劝大王假如不任用你就杀掉你。大王答应了我的请求。你赶快离开吧,不快走马上就要被擒。"公孙鞅说:"大王既然不能听您的话任用我,又怎么能听您的话来杀我呢?"最终没有离开魏国。商鞅的思考是正确的,魏惠王后来对随侍人员说:"公叔痤的病很严重,真叫人伤心啊,他想要我把国政全部交给公孙鞅掌管,难道不是糊涂了吗?"

当时魏国首都安邑是全天下的政治、经济和文化中心,车马辐辏,消息非常灵通。正当商鞅在魏国郁郁不得志之时,闻听秦孝公发布的"求贤令",于是转换思路,下决心西向入秦,去实现自己的抱负,他这时约29岁。这是一个很大胆的决定,因为秦在当时是普遍不被看好的落后国度。商鞅的四见孝公,如同后世流传变异的刘备三顾茅庐而得孔明,都是经过君臣故意设计的曲折而最终相知相托的历史佳话。

《史记·商君列传》形象生动地讲述了这传奇的4次会见:商鞅因孝公的宠臣景监引荐而见到了孝公。孝公召见商鞅，听他谈国家大事，一边听一边打瞌睡。孝公后来迁怒景监说："你推荐的是个大言欺人的家伙，这种人怎么能任用呢！"景监因此怪罪商鞅，但商鞅却非常自信，说："我当时用尧、舜治国的方法劝说大王，以他的心志不能领会。"商鞅再见孝公时，把治国之道说得淋漓尽致，可仍然没有说到孝公的心里去。事后商鞅对景监坦白说："我用禹、汤、文、武的治国方法劝说大王，而他听不进去。请求他再召见我一次。"商鞅第三次见到孝公后，得到了礼遇，孝公对景监的态度也变了："你推荐的人不错，我可以和他谈谈了。"景监问商鞅怎么回事，他说："我用春秋五霸的治国方法去说服大王，看他的心思是准备采纳了。如果再召见我一次，我就知道该说些什么啦。"再次见到孝公，他们谈得非常投机。谈话的时候，孝公不知不觉地在垫席上向前移动膝盖，谈了好几天仍旧兴味盎然。景监很好奇，问商鞅："我们国君高兴极了，您是怎么合了大王心意的？"商鞅回答说："我开始劝大王建立夏、商、周那样的盛世，可是大王说距离实现的时间太长了，他不能等。他希望自己在位期间就可以名扬天下。既然如此，我就又给他讲了富国强兵的办法，他果然非常高兴。然而，这样也就不能与殷、周的德行相媲美了。"

孝公能够四见商鞅，展现了他求贤若渴的心态，表现了他的宽容和对人才选择的精心与耐心。正是因为孝公和商鞅都属于讲求政治实效的人物，所以秦国的改革事业才能够与众不同，披荆斩棘地实践开拓。郭沫若在评论战国时期改革者命运时，感叹地说："商鞅是一位时代的宠儿，生当大变革时代，又遇着信任专一的孝公，使他能够着手去做，收到了莫大的功名，他比起李悝、吴起来实在是更加幸运。"

前361年，商鞅被秦孝公任命为左庶长，在秦国主持变法。地处西陲的秦国，在政治、经济上都比山东诸国落后。当时先秦诸子纷纷著书立言，而其中竟没有一个秦人。面对西土民智未开的困难形势，为了取信于民，使得民众相信新政的必定施行，从而破除变法的阻力，商鞅先做了一个"实验性"项目。

在新法条文准备就绪而尚未公布时，商鞅为了让百姓相信变法的诚意，在国都集市的南门外竖起一根三丈长的木头。他召集了很多百姓，公告说谁能把木头搬到北门，就赏他十金。百姓开始觉得这件事很奇怪，只观望却无人行动。后来有人在五十金的诱惑下，尝试把它搬到北门了，这个人当下就得到了五十金的奖励。商鞅借此表明令出必行，并很快颁布了新法。

商鞅"徙木立信"，是以树立典型榜样的办法在民众中建立自己法令的威信，以做到令行禁止，从而使得以后的变法措施被群众相信，得以顺利推行。通过立木取信，商鞅赢得了百姓的初步信任。

商鞅是杰出的政治组织者，后代不少学者对他"徙木立信"的办法给予较高的评价，刘禹锡曾明确地将商鞅的徙木立信所追求的诚信视作政治勋业的前提条件。北宋大政治家王安石也曾经有诗云："自古驱民在信诚，一言为重百金轻。今人未可非商鞅，商鞅能令政必行。"王安石作为与商鞅同样坚定的改革派，其诗歌自然是对商君进行肯定。有趣的是，其政敌司马光在《资治通鉴》中虽然批评了商鞅为人刻薄，但也明确肯定商鞅徙木立信的举措是得当与精彩的。

商鞅从前356年至前350年，在秦国大规模地推行过两次以"农战"和"法治"为中心的变法运动。其重点主要在两个方面：一是废除旧的封君贵族制，把秦国建成一个新型君主官僚制的中央集权国家；二是推行农战政策，大力发展秦国的生产力，挖掘国家的军事与生产潜能。

按照司马迁《史记·商君列传》的记载，商鞅变法的内容大概可以概括如下：十家编成一什，五家编成一伍，要求百姓互相监视检举，如果其中一家犯法了，其他几家也要受到牵连，一并治罪。如果有人发现奸恶却不告发，要对他施以腰斩；如果有告发奸恶，告发者受到的赏赐与斩敌首级的人一样；如有隐藏奸恶的，隐藏者受到的惩罚和投降敌人的人一样。如果一家有两个以上的壮丁，这两个人就要分开居住，否则要加倍缴纳税赋。那些立有军功的人，可按标准荣升官爵，并得到奖赏。因为私事斗殴者，按情节轻重，分别处以不同的刑罚。从事农业生产的人，如果能够使得粮食丰收、布帛增产，就可以免除劳役或赋税；从事工商业的人，如果懒惰又贫穷，就把他们的妻子没收为官奴作为惩罚。王族成员们也要明确赏罚，如果没有军功，就不能列入家族名册。另外，要将王族成员的尊卑、爵位和等级更加明确化，按照等级差别清晰有序地分配土地、房产。王族成员立了军功，可以获得荣耀，没有军功，即使有很多财富，也不能显荣。

商鞅确立了常备军制，称为"锐士"。锐士是以步兵、车兵、骑兵、弩兵等四大兵种编练的混合联军，训练有素，装备精良，战斗力强。依据考古材料来看，秦锐士的兵器如矛、剑等都较他国的武器更为坚固、精良，其大弩射程已近900米。荀子曾言："齐之技击，不可以遇魏氏之武卒，魏氏之武卒，不可以遇秦之锐士。"可见商鞅变法以后秦军的作战能力是空前强悍的。

战国时期，向外兼并扩张的需要日益加重，商鞅要引导民众一致对外，必须协调化解内部的各种矛盾。商鞅为形成举国军事体制，下令禁止私斗。私斗即《商君书·战法》中的"邑斗"。秦人因长期地处戎狄之间，具备浓厚的尚武习气，"血亲复仇"的私斗是氏族习惯的残余。能够操纵大规模斗殴的，多是各邑中原来的大小头目，而私斗的最大受害者则是平民百姓。这种私斗，对直接生产者和农业建设、社会风气都有极大的破坏，不利于富国强兵的战略，只会削弱向外谋求发展的动力，产生诸多的内部问题。

商鞅变法吸取了李悝、吴起等法家在魏、楚等国实行变法的成功经验和失败教训，并结合秦国的具体实际，对法家政策做了进一步的调整和发展，并且后来者居上，给秦国带来了天翻地覆的变化。变法使得秦国的国力得以空前提升，秦国军队的战斗力大大增强。崛起的秦国很快走上了扩张之路，从而扭转了长期以来在国际外交上被动落后的局面。

前358年，秦军首败韩军于西山。前355年，秦孝公与魏惠王在杜平相会，结束了秦长期不与中原诸侯会盟的局面，提高了秦国的政治地位。前354年，秦抓住战机，与魏战于元里（今陕西澄城交道元里村），斩首七千，夺取军事重地少梁，迫使魏国塞"固阳"以守，魏国河西防线受到极大震撼。前352年，商鞅趁魏韩齐楚宋大战之际，亲率大军深入河东，直取魏国旧都安邑。前351年，又兵围固阳，魏兵投降，魏河西防线动摇。前343年，秦兵锋所指，再次夺取武城（今陕西渭南华州区东），并重建该城，以为和魏国在河西决战之新基地。前341年，魏与齐大战，兵败马陵，庞涓自杀，太子申被俘，魏国朝野震撼，元气大伤。同年五月，齐威王与宋联合攻魏，商鞅认定此乃秦收复河西、与魏决战的大好时机。前340年，秦联合赵、齐进攻魏。此战商鞅作为秦的统帅，俘获了魏军统帅公子印，魏国最后只好割河西之地献给秦国求和。

魏国并非弱国。在秦孝公以前，魏因文侯改革，三代励精图治，一直是战国七雄中的霸主，而河西决战以后却只能在昔日被蔑视的秦国面前低下高贵的头颅，这充分说明秦外交和军事取得的巨大胜利，是以商鞅变法作为雄厚根基的。

商鞅变法的成功，是战国时期的重大事件，当时秦之裂变，使得诸侯震惊，士民为之瞠目，战国及其以后文献对此多有论述。

司马迁在《史记·商君列传》里毫不讳言商鞅变法的巨大成功，说变法"行之十年，秦民大悦，道不拾遗，山无盗贼，家给人足。民勇于公战，怯于私斗，乡邑大治"；《史记·秦本纪》则说"卫鞅说孝公，变法修刑……十九年，天子致伯。二十年，诸侯毕贺"；《史记·李斯列传》中也称："孝公用商鞅之法，移风易俗，民以殷盛，国以富强，百姓乐用，诸侯亲服，获楚、魏之师，举地千里，至今治强。"刘向编纂的《战国策》也说商鞅的成功使秦"积粟如山丘""积蓄殷富"，"秦富天下十倍"，"道不拾遗，民不妄取，兵革大强，诸侯畏惧"，"夫商君……教民耕战，是以兵动而地广，兵休而国富，故秦无敌于天下，立威诸侯"。《韩非子·和氏》则云："商君教秦孝公以连什伍……显耕战之士。孝公行之，主以尊安，国以富强。"《新序》也说："秦孝公保崤函之固，以广雍州之地，东并河西，北收上郡，国富兵强，长雄诸侯，周室归籍，四方来贺，为战国霸君，秦遂以强，六世而并诸侯，亦皆商君之谋也。"

其实，商鞅变法的最大成效是给秦以后的发展奠定了东进战略的绝对优势。司马迁见识卓然，明确谈到商鞅此时已经提出"秦据河山之固，东乡以制诸侯，此帝王之业也"的东进战略，其后战国历史的发展也确实是按照商鞅的这一战略思路前行的。夺取河山之固，无疑是商鞅思考这一问题的基本出发点。商鞅以后，秦得以控制潼关、崤山和函谷关之间的天险要塞。从此，秦国在战国初年所处的战略劣势一举扭转为战略优势。

商鞅变法，新制定的晋爵制度鼓励士兵在战场上英勇杀敌，新推行的客卿制度可为秦招揽大批的外来人才，有效促进社会不同阶层在等级和空间上合理流动，有助于国家始终保持生机勃勃的发展动力。商鞅大规模的改革，使得秦国完成了历史的裂变，秦国的羽翼丰满了。可以毫不夸张地说：商鞅变法确立的有效激励机制，是使秦强大的真正引擎。

战国时期的荀子曾经谈到自己对秦国的印象：百姓

质朴淳厚，音乐雅正，服装端庄，人们敬畏官吏，愿意顺从。到了官府，各种官吏都严肃认真、谦恭节俭、敦厚谨慎、忠诚守信。国都里的士大夫没有私下的事务，不互相勾结，不拉党结派，卓然超群、明智通达、廉洁奉公。秦国的朝廷，政府处理决定各种政事从无遗留，因此国家好像安闲到没有什么事情需要治理似的。秦国就像是上古圣王治理下的国家，所以秦国四代都有胜利的战果，并不是侥幸，而有其必然性。

商鞅在秦国推行变法达20年之久，新法从政治上和经济上打击了没落的旧贵族，壮大了新兴阶级，发展了新型经济，增强了军事实力。商鞅变法是战国时期各国变法中较为全面、彻底、成功的，它使积贫积弱的秦国变得先进富足，并一举成为压倒山东六国的强国，为后来秦统一天下奠定了基础。

商鞅变法对此后秦国以及秦代制度的影响都是十分深远的。商鞅在秦国的两次变法，彻底破坏了秦国旧有领主的宗族制度，也瓦解了旧的大家族制度，从而实现了"君主官僚专制化"。自孝公以后，"商鞅虽死，而秦法未败"，秦国从此出现了一个新的社会阶层——军功地主集团。这一集团的出现，标志着又一先进的制度文明建立了，也说明秦已经比较彻底地完成了向君主专制制度的转化准备。

荀子从秦国国内的各个方面，论述了秦国自商鞅变法以来所发生的显著变化。荀子作为著名的战国后期思想家,高度肯定了秦国"移风易俗"的伟大业绩,并高瞻远瞩地提出秦之强,"非幸也,数也"的论断。

《史记》记载,商鞅为人严苛,最终被车裂于秦。因此儒家对其一直颇多非议。客观来讲,商鞅变法把"以法为教""以吏为师""以斩首为功"并立为其法治理论的根本支点,正是建立在人性恶的基础之上,希望通过依法治国,以制约机制建立强大的中央集权制度,是值得批判性继承的。

在肯定商鞅历史功绩的同时,也要认识到商鞅变法中"压抑工商""弃绝文化""倡导君主独裁"等错误,违背了社会经济发展规律,破坏了文化发展的历史前景,导致政治体制改革方向发生错误,由此成为秦朝速亡的主因,并为后世君主独裁开创了相当极端的恶例。另外,商鞅迷信暴力而轻视教化的历史局限性也是较为明显的。新法用简单粗暴的政治手段处理意识形态方面的问题,焚烧《诗》《书》,实行愚民政策、文化专制主义,以及推行连坐法而刑及无辜,等等,都曾产生过严重的负面影响。商鞅本人最后也因此死于旧贵族的报复而"秦人不怜",甚至不被司马迁以后的许多历史学家所肯定。著名法学家梅仲协就法家思想集大成者韩非评论说:"我国二千余年来,政治之所以未纳正轨者,揆其原因,半误于儒家,半惑于韩非。法家本不知法律为何物,而妄以法治为名而行其人治之实。"著名思想家余英时也曾严厉批评法家思想的"反智论",这包括其思想专制、愚民政策和对于知识与学问的排斥。在《中国法律思想史纲》一书中,法律史学者马作武说:"后世论者大都认为法家主张法治,这实在是一个天大的误会。'法治'作为一个完整的概念,乃是西方近代文明的产物。法家所谓的法治尚未得法治真谛的皮毛。所谓法家的'法治'充其量不过是整套构建君主个人集权专制的手段,是最大最典型,也是最极端的人治,其法治理论构成了中国传统专制理论的基石。"

# 五、合纵连横

## ——商鞅之后秦国的继续发展

秦惠文王虽然杀害了商鞅,但是并没有抛弃他所推行的变法革新的路线,而是继续有所深化。

1973年,在西安南郊山门口人民公社北沈家桥出土的"杜虎符"文中有"兵甲之符,右在君,左在杜",学界认为文中的"君",就是秦惠文王。可见,在秦惠文王统治时期,秦国的军政大权已经实现了君主专制管理。

在巩固商鞅新制的同时,秦惠文王重用贤才,秦国布衣将相因此大盛,从而持续着国力着蒸蒸日上的趋势。秦惠文王时期,出现了一大批如张仪、司马错这样的布衣将相,见之史书的还有公孙衍、陈轸、楼缓等贤能之士。其中最著名的谋士是樗里疾。

樗里疾是秦惠文王的同父异母弟,居住在渭南阴乡樗里,故称"樗里子"。他身属亲贵阶层,但智勇双全,名闻关中,号为"智囊"。秦人当时谚语说:"力则任鄙,智则樗里。"

前318年,关东诸侯合纵攻秦,号称五国伐秦。樗里子在函谷关大败联军,其后他率军东征,又取得岸门大捷,迫使韩、赵向秦屈服。前312年,樗里子又在丹阳败楚,夺取汉中,这使得关中与巴蜀连成一片,基本清除了楚国对汉中的威胁,樗里子因功被封为严君。在秦武王时期,他更指挥秦军百辆战车闯入东周京畿洛阳,逼迫周天子屈尊逢迎,从而实现了"车通三川,以窥周室"的政治企图。樗里子历经三朝,威震天下。

惠文王还重用谋士甘茂。甘茂为樗里子推荐,精通诸子学说,在汉中之役中崭露头角,后在秦武王时期为平定蜀郡叛乱立下汗马功劳,因功升为丞相。前308年,他率秦军拔取韩国重镇宜阳,斩首六万,使得秦国领土第一次拓展到中原腹地。

甘茂与樗里子并为"智囊",其孙甘罗,更是妇孺皆知的神童。他12岁就当上了秦相吕不韦的宾客,以巧舌如簧说服称病不肯赴燕的使节张唐,受到吕不韦的器重。后来甘罗自荐出使赵国,迫使赵襄王同意联秦攻燕,并割五城之地以表谢意。

秦惠文王、武王坚持孝公确立的"出奇计强秦者,吾且尊官，与之分土"的人才政策。陈直和郭子直先生都认为1948年鄠县（今陕西西安鄠邑区）出土的秦封宗邑瓦书的"四年，周天子使卿大夫辰来致文武之酢（胙）。冬十壹月辛酉，大良造、庶长游出命曰：'取杜才（在）酆邱到滿水，以为右庶长歜宗邑"是发生在秦惠文王前元四年（前334年）的赐封事件。右庶长是商鞅变法以后秦国军功爵制的高等官阶。歜，学界考证认为是寿烛，此人见于《史记·穰侯列传》，也是平民出身，作为布衣出身的股肱重臣，秦国以肥沃的土地作为对立功勋者的赏赐，可见对布衣人才的爱护重视。惠文王在位期间，那些无功的宗室贵族，没有一人获得高官贵爵，而得以任用的仍是这些"客卿"和功勋之臣，这无疑是秦没有因商鞅身死而"人亡政息"，并得以持续强盛的主要原因。

秦惠文王死后，秦武王虽执政时间很短，但为实现兼并天下的宏图，曾派甘茂大军攻陷韩国重镇宜阳，秦武王在国内也高度重视人才，如任命"事下蔡史举先生，学百家之术"的甘茂担任左丞相。

此后秦昭王即位，其秉政初期，魏冉专权。魏冉"私家富重于王室"，在政治上一度奉行"恶内诸侯客"的政策，常常行假公济私的阴谋，但他对秦国强盛仍颇有建树。如"客卿错"、前270年率兵攻齐的"客卿灶（造）"、"客卿胡阳"等皆于这一时期得以重用，还有名士齐国田文和赵人楼缓等俊才来到秦国拜相，更重要的是魏冉"举白起，使代向寿将而攻韩、魏，败之伊阙，斩首二十四万，虏魏将公孙喜。明年，又取楚之宛、叶"，魏冉重用人才，为秦国发掘出了白起这位旷世名将。

秦国在这一时期仍然能够对齐、楚、三晋取得大胜。因此，司马迁也不得不承认"秦所以东益地，弱诸侯，尝称帝于天下，天下皆西乡稽首者，穰侯之功也"。《史记索隐》也有述赞说："穰侯智识，应变无方。内倚太后，外辅昭王。四登相位，再列封疆。摧齐挠楚，破魏围梁。"

但值得注意的是，魏冉专政时期虽然军事胜利遍地开花，但身居要职的客卿，大多任职时间较短，权力有限。秦昭王为摆脱穰侯专权的局面，听取了魏人范雎"宣太后专制，穰侯擅权于诸侯，泾阳君、高陵君之属太侈，富于王室"的政治分析，罢免穰侯，以范雎为相，明确了秦国"远交近攻，各个击破"的统一方针，从而进一步推动了秦国的新改革，为秦统一天下继续添火加柴。

范雎出身布衣，"家贫无以自资"，后命运多舛，更名张禄，但依然不能施展才华，幸当时秦国奉行"天下人才"的战略方针未变，甚至对人才的渴求已经到了极度疯狂的程度。

《史记·范雎列传》记载了这段求贤故事。秦昭王派出使臣王稽到魏国。郑安平假扮差役，侍候王稽。王稽问他："魏国有贤能的人士可愿跟我一起到西边去吗？"郑安平回答说："我的乡里有位张禄先生，想求见您，谈谈天下大事。不过，他有仇人，不敢白天出来。"王稽说："夜里你跟他一起来好了。"郑安平连夜带张禄拜见王稽，话还没谈完，王稽就断定范雎是个贤才，因此说："先生请在三亭冈的南边等着我。"

昭王与范雎相知的故事不仅可以和孝公四见商鞅之典故相媲美，而且也是秦国最终制胜的原因之一。其变法改制大业是经过反复筹划的，是有持续不停的推动力的。

秦昭王与范雎首次会晤的细节，也成了千古佳话。当时秦昭王让左右近臣离开，长跪着向范雎请求说："先生怎么赐教我？"范雎说："嗯嗯。"停了一会儿，秦昭王又长跪着向范雎请求说："先生怎么赐教我？"范雎说："嗯嗯。"像这样连续询问三次。秦昭王长跪着说："先生终究也不赐教我了吗？"范雎说："不敢这样。我听说从前吕尚遇到周文王时，他只是个渭水边上钓鱼的渔夫罢了。像他们这种关系，就属于交情生疏。但文王听完他的一席话便拜他为太师，并立即用车载着他一起回宫，就是因为他的这番话说到了文王的心坎里。文王得到吕尚的辅佐而终于统一了天下。

假使当初文王疏远吕尚而不与他深谈，这样周朝就没有做天子的德望，而文王、武王也就无人辅佐来成就他们统一天下的大业了。如今我是个寄居秦国的臣子，与大王交情生疏，而我所希望陈述的都是匡扶补正国君的大事，我处在大王与亲人的骨肉关系之间来谈这些大事，本愿进献我的一片愚诚的忠心，可不知大王心里是怎么想的。这就是大王连续三次询问我而我不敢回答的原因。我并不是害怕什么而不敢说出来。我明知今天向您陈述主张明天就可能服罪受死，可是我决不想逃避。大王果真照我的话办了，受死不值得我忧患，流亡不值得我苦恼，就是漆身生癞、披发装疯我也不会感到羞耻。如果我死了而秦国得以大治，那么我死了比活着更有意义。"秦昭王依然长跪说："先生这是怎么说呢！秦国偏处一隅，我本人愚笨无能，先生竟屈尊光临此地，这是上天恩准我烦劳先生来保存我的先王的遗业啊。我能受到先生的教诲，这正是上天恩赐我的先王，而不抛弃他们的这个后代啊。先生怎么说这样的话呢！从这以后，事情无论大小，上至太后，下到大臣，有关问题希望先生毫无保留地给我以指教，不要再怀疑我了。"范雎便打躬行礼，秦昭王也连忙还礼。

这次会面，范雎三次不敢正面回答，如同商鞅的四见孝公，皆是欲擒故纵的伎俩。商鞅、张仪、范雎都是具备远见卓识的政治家，而从才干和胆略而言，秦昭王与孝公，可谓各有千秋，但他们都做到了真正的礼贤下士。

范雎得到重用后，继续推行商鞅变法确认的"有功者不得不赏，有能者不得不官，劳大者其禄厚，功多者其爵尊，能治众者其官大。故无能者不敢当职焉，有能者亦不得蔽隐"的人才方针，实践"善厚家者取之于国，善厚国者取之于诸侯"的人才路线。《史记·范雎列传》中还说秦推行"任人而所任不善者，各以其罪罪之"，即推荐不当的，被推荐和推荐的双方都要受罚。秦国在其《游士律》中还提出"明主使法择人，不自举也；使法量功，不自度也"的原则。君臣同心，上下协力，从而使得秦国大治。

经魏冉推荐，秦昭王任用白起担任秦军主将。白起是关中眉县人，善于用兵，在东进征伐诸侯的战争中，显示了非凡的军事才能。他一生戎马倥偬，为秦攻夺70余城，百战百胜。最辉煌的胜利是伊阙之战、鄢郢之战、华阳之役、长平之战，仅此四役，关东精锐损失百万。

前294年，白起东征，占领韩国之新城，韩魏联合抗秦，次年双方在伊阙决战，白起一举全歼敌军24万，韩魏遭到空前的大失败，被迫割地称臣，秦昭王也因此自称西帝。

前279年，秦专力伐楚，白起采取城西筑坝，引水为长渠，水淹鄢城。

前278年，白起再次出兵攻打楚国，势如破竹，攻陷楚国国都郢。白起一直打到洞庭湖附近，迫使楚国迁都到陈。

前273年，秦攻魏，"示天下要断山东之脊"，吸引赵、燕援军，聚而歼之，此战在华阳大破赵魏联军，斩首15万。

前262年，白起率秦军在长平与赵括率领的赵国主力决战，赵军主将赵括颇善纸上谈兵，实战经验不足。白起遂采取迂回战术，先正面诈败，诱敌深入，然后实施分割包围。赵军被围46天，因断粮而自相残杀，赵括分兵突围不成，被秦军射死。40多万赵军投降后被一举坑杀。赵国从此精锐全丧，一蹶不振。

白起后来与范雎发生矛盾，被昭王罢官，逐出咸阳。他在走到今日咸阳西门外十里的杜邮时，昭王派人赐剑自裁，一代名将就此陨落。后来范雎也因事被免官。继范雎主政的蔡泽，"燕人也，游学干诸侯"，是"天下雄俊弘辩智士也"，主政时期依然坚持正确的治国路线。司马迁曾经赞叹范雎、蔡泽"二人羁旅入秦，继踵取卿相，垂功于天下"。

秦国这种蒸蒸日上局面的出现，得益于秦国长期坚持不懈的客卿政策。客卿多是布衣平民之辈，来自异国，但是因为自身的才能被秦重用，这标志着自西周以来的世卿世禄的旧传统在秦国已经废除，血亲贵族被布衣将相所取代。这正是商鞅致力建设的法治路线认真实践的必然结果。

秦昭王一生励精图治、奋发有为，是秦国难得的英明之君。秦国在惠王、昭王时期兼并了大片领土，先后建立了巴、蜀、汉中、上郡、河东、陇西、南郡、黔中、南阳、北地十郡，已经在与六国的长期竞赛中处于绝对的优势了。

# 第五章 六合一统，受命于天

秦王政奋六世之余烈，终于一统天下，建立了第一个中央集权大一统的王朝——秦朝。秦王政自称皇帝，开创了一系列崭新制度，其功业可谓旷古未有。他生前，为帝国的强盛呕心沥血；他死后，留下了震撼人心的地下王朝。

# 一、席卷天下
## ——秦始皇的统一战争

前247年,嬴政年少即位。"当是之时,秦地已并巴、蜀、汉中,越宛有郢,置南郡矣;北收上郡以东,有河东、太原、上党郡;东至荥阳,灭二周,置三川郡。吕不韦为相,封十万户,号曰文信侯。招致宾客游士,欲以并天下。"嬴政的旷世功勋,正是建立在孝公以后的秦国君臣的团结一心、不断奋进之上。

嬴政初年的权臣名将多是布衣将相,如吕不韦是阳翟大贾,以奇货可居而投身政治,他拥立庄襄王,受封文信侯,嬴政初年,尊号"仲父",执掌权柄12年,秦国在此期间继续不断地开疆拓土。吕不韦深切思考打天下与坐天下的理论转型问题,招揽天下贤才撰著《吕氏春秋》,试图将诸子治国学说熔为一炉,对秦的统一贡献巨大。

尉缭是魏国大梁人，仰慕商鞅，胸怀大志，精通兵法，著有《尉缭子》，他与秦王政"衣服饮食"相同，担任国尉，成为秦国攻灭六国军事计划的主要制订人之一。他主张派遣间谍到关东活动，用重金和匕首对付六国豪臣、名士，其构想被秦王政采纳并予以施行。

李斯为小吏出身，史称"上蔡闾巷布衣也"，先从荀子学习"帝王之术"，因看关东六国不成气候，没有施展抱负的机会，于是西行，先为秦相文信侯吕不韦门客。李斯向秦王嬴政进献"阴遣谋士赍持金玉以游说诸侯。诸侯名士可下以财者，厚遗结之；不肯者，利剑刺之"的大政，受到秦王重视。当时秦国发生韩国间谍郑国兴修水利疲敝秦国的政治风波，秦的旧贵族宗亲势力借机鼓动秦王推行"一切逐客"政策，希望以此颠覆秦孝公以来招纳异国贤才的客卿制度，动摇秦国的人才体制。李斯于是上《谏逐客书》，高屋建瓴地指出了秦国蒸蒸日上、焕发生机的主因是"不拘一格降人才"，其文宏阔，文采斐然。

李斯在文中开宗明义，认为驱逐客卿是极端错误的，为此列举秦穆公霸业的成就来源于异国人才由余、百里奚、来丕豹、公孙支、蹇叔的辅助，孝公重任商鞅，惠王用张仪，昭王用范雎，都取得了辉煌的功业。文章第二层面，李斯从秦王政所爱珍宝皆非出自秦国，得出"非秦者去,为客者逐……此非所以跨海内制诸侯之术也",因此强调:物不产于秦,可宝者多;士不产于秦,而愿忠者众。所以唯有地无四方,民无异国,不让土壤,不择细流,才能取得五帝三王的空前功业。李斯的建言娓娓道来、鞭辟入里,正贴合秦王嬴政欲图"天下定于一"的政治雄心,因此得以采纳,而李斯也因此被秦王嬴政赏识,日益见重。

这一场围绕客卿的政治风波,体现了秦国宗室贵族旧势力具备的影响力和希冀复辟的政治野心,而《逐客令》的废止,则是秦国奉行商鞅以来用人唯贤原则的胜利,是对世卿制度的又一次沉重打击,是对商鞅以来秦国变法改革成果的稳固与捍卫。

除了吕不韦、李斯外,秦王嬴政的军事班底也几乎是清一色的军功起家者,而非亲贵王族,如将兵灭赵、燕,大破楚军的名将王翦、王贲父子,是频阳东乡人;以蒙骜与蒙武父子、蒙恬与蒙毅兄弟代表的蒙氏一门,都是因战功卓著而被擢拔至重要的领导岗位,正如《史记·白起王翦列传》所言:"秦始皇二十六年,尽并天下,王氏、蒙氏功为多。"这些军事统帅都是靠着真功夫一步步被提拔起来的。其他如李信、桓齮、杨端和等,也多是异国客卿出身。

秦王嬴政时期比较重要的客卿,还有曾经劝秦王善待太后的齐人茅焦,被立为太傅,予以上卿之爵;魏人姚贾，"封千户，以为上卿"。秦王嬴政的用人政策，用姚贾的话概括就是"明主不取其污，不听其非，察其为己用。故可以存社稷者，虽有外诽者不听；虽有高世之名，无咫尺之功者不赏"，坚持贯彻了秦国一以贯之的用人唯贤的方针。

其中王翦父子的事迹最为鲜明。王翦是频阳东乡（今陕西富平）人，"少而好兵"，精通阵法，被嬴政任为将军。前236年，他初战就攻拔赵国9座城，斩首10万。前229年，他再次伐赵，直下井陉，巧施反间计，使得赵王错杀名将李牧，王翦从而得以大败赵军，攻克邯郸，俘虏赵王迁，基本灭赵。两年后，王翦挥师燕国，大败燕代联军，攻克燕都蓟城，燕王喜只得逃往辽东。王翦连破两国，威震天下。前225年，嬴政开辟两条战线，主力南征伐楚；偏师东征伐魏，由王翦之子王贲负责。几经曲折，前224年，王翦率60万军伐楚。嬴政曾许诺"空秦国甲士而专委于王翦"，但在青年将领李信自言只需20万即可灭楚的情况下，嬴政任用李信；当李信进军楚国受挫时，嬴政能够主动改正错误，亲自向王翦求救："自驰如频阳，见谢王翦曰：'寡人以不用将军计，李信果辱秦军。今闻荆兵日进而西，将军虽病，独忍弃寡人乎？'"王翦说"大王必不得已用臣，非六十万人不可"，继续要求出兵60万，嬴政只得诚恳地回复他"为听将军计耳"。嬴政征集全国所有甲士，悉数交给王翦指挥，并亲到霸上送行。

王翦在楚采取坚壁不战策略，等到项燕统率的楚军疲惫不堪之际，一举出击，大破楚军，追杀项燕，次年即俘获楚王负刍，彻底攻灭楚国。其子王贲，率兵围魏国大梁，引黄河之水灌城，顺利灭魏，后远征辽东，彻底荡平燕国残余势力，俘虏了燕王喜，回师途中又攻占赵国仅存的代郡，俘虏自称代王的公子嘉。在平定北疆以后，王贲继续领兵南下，吞灭齐国，俘虏齐王建，消灭了关东最后一国，为秦之统一大业画上了圆满的句号。

王翦父子起于布衣，相得益彰，在不到10年的时间中，攻灭五国，横扫天下。前219年秦始皇东巡，在琅琊台刻石记功，王翦名列榜首，琅琊台刻石从而成为表彰王翦非凡军功的纪念碑。

今天陕西富平县东北永和村有王翦墓，冢高9米，墓前还有6座陪冢，据说这里埋葬着被他所灭的关东诸侯的衣冠，现陪冢已平。

正是在秦国五世坚持不懈地变法改制之下，秦国才能够以天下为己任，以客卿制度为用人原则，终于积小胜而得天下。

韩非在《韩非子·饰邪》中分析战国末年各国的情况时，曾概括地指出："彼法明则忠臣劝，罚必则邪臣止。忠劝邪止而地广主尊者，秦是也；群臣朋党比周以隐正道、行私曲而地削主卑者，山东是也。"

十分明显，战国时代的变法改革，山东六国因行之不力、浅尝辄止而失败了，国家失去了发展的驱动力，从此一蹶不振。另外，六国只图眼前蝇头小利，没有远见，从而饮鸩止渴，如陈轸所说："天下为秦相割，秦曾不出力；天下为秦相烹，秦曾不出薪。何秦之智而山东之愚耶？"而秦国所实行的"举人之周，与人之壹"的战略政策贯彻执行有力，秦国上下团结一心。战国后期，秦国更是法治方面严明，用人方面贵戚遭斥、贤者彰显；执政方面官吏秉公，朝政清明；经济发展方面粮食丰收、积蓄饶多；新法使得赏罚风行，军队士气旺盛。

秦国的统一，使战国大幕得以落下。因法治建设而强大起来的秦国，将商鞅变法中的成果迅速在全国展开实践，标志着中国历史一个崭新时代的到来。长期以来，我们对秦之统一都是持基本肯定的立场的，但是对嬴政主导的统一行动，其时也是有反对者的。

最著名的是荆轲和高渐离的刺秦行动。荆轲原是齐人，本姓庆，后迁徙到卫国，被尊为"庆卿"；又到燕国，被尊为"荆卿"。荆轲少好读书击剑，为人深沉。荆轲在燕时，被田光推荐给志在刺秦的燕国太子丹，"太子日造门下，供太牢具，异物间进，车骑美女恣荆轲所欲，以顺适其意"。荆轲在得到逃亡秦将樊於期之首级、淬毒的徐夫人匕首之后,将匕首藏在督亢地图之中,并以燕国著名勇士秦舞阳为刺秦副手。荆轲最终行动时,太子丹和众宾客亲自到易水河边穿着白衣泣别,荆轲和好友高渐离击筑唱和:"风萧萧兮易水寒,壮士一去兮不复还!"荆轲在咸阳城受到秦王接见,秦舞阳胆怯,而荆轲谈笑自若,在献上地图时图穷匕首现,但刺杀未遂,惨烈身死,这件事妇孺皆知。荆轲刺秦失败,虽然从其本身意义而言并不足道,但他"不欺其志,名垂后世"的精神却为人称道。在这一行动中,先后有多位志士献身,耸动一时。荆轲等视死如归反抗暴秦的勇气令人感佩。他所体现的"慷慨悲歌"的侠客形象,以及"士为知己者死"的人格,得以彪炳青史。

比之荆轲,高渐离的刺秦行动更惊心动魄。高渐离在秦灭六国以后隐姓埋名,为人庸保,为接近秦王嬴政以给荆轲报仇,他被弄瞎眼睛,但仍不放弃,在所携带的筑中灌铅,艰难地实施了他的新一轮刺秦行动。最终因为眼睛看不见,高渐离的刺秦行动还是失败了。

## 二、岐黄之术
## ——秦国先进的医疗技术

春秋战国时期，秦国的医学事业在当时就已经处于诸侯国领先水平，就连九世霸业的晋国国君也要"求医于秦"。前581年，晋景公病重，派人入秦求医，秦桓公派出医缓诊疗，医缓诊断后，认为晋景公的病"在肓之上，膏之下，攻之不可，达之不及"，已经无药可救了。晋景公开始不以为然，但其后不久果然驾崩。从此，"病入膏肓"就成为不治之症的代名词。

秦国医疗发达并非这一孤证。前541年，晋平公病重，亦派人赴秦求医，这时秦国国君秦景公派出的是医和。在一番诊断之后，医和对晋平公的疾病做出诊断：君之病是贪恋女色、纵欲过度所致，若长此以往，早则

3年，晚则10年，必死无疑。后来的事态发展果如他的诊断。

医和根据临床经验，提出人体有"阴、阳、风、雨、晦、明"六气，六气协和，方能身体健康；六气失调，就会生病。他的医疗见解是我国病因理论的最早阐述，后来这种六气协调理论成为《内经》的主要基础。

战国时期，则有著名的扁鹊在长安地区活动，为当地的医疗卫生工作奠定了坚实的基础。

司马迁说扁鹊姓秦，名越人。《黄帝八十一难经序》认为扁鹊是黄帝时的名医。秦越人医术高明，因袭其号。他是我国最早的针灸学家，被尊为"针灸祖师"。西汉的陆贾曾评价扁鹊说"书不必起仲尼之门，药不必出扁鹊之方"，将他和孔子相比。扁鹊的学术思想不仅对我国医学发展产生了深远的影响，而且在世界各国的医学界都有崇高的声誉。阿拉伯医圣阿维森纳曾将扁鹊《难经》收入其所著医典；据说日本阐注扁鹊《难经》者亦有多家。

根据史书记载，扁鹊约生于公元前5世纪，本是勃海郡郑（今河北任丘北）人，又定居于卢国（今山东济南长清），所以也被称为卢医。他年少的时候跟着长桑君学医。传说长桑君是当时有名的神医，经过10多年的观察，他认定扁鹊值得托付，便将自己精心积累的医术和一些很好的药方，全部传授给了扁鹊。这样，经过长期学习积淀的扁鹊诊断时可以做到隔墙视人。扁鹊还对古代繁难复杂的"遍体诊脉法"做了改革，在古代医学理论的基础上，结合自己的实践经验，创立了"望闻问切诊脉法"，以执简驭繁之技决断疾病。太史公高度评价扁鹊说："至今天下言脉者，由扁鹊也。"据说扁鹊喜欢到处巡游，路见疾患，施以援手，他"过邯郸，闻贵妇人，即为带下医；过雒阳，闻周人爱老人，即为耳目痹医；来入咸阳，闻秦人爱小儿，即为小儿医；随俗为变"，可见扁鹊尤精妇科、五官科和儿科。《史记》主要记载了扁鹊为赵简子、虢太子和齐桓侯诊病的传奇：

赵简子本是春秋末年霸主国晋国的执政大臣。有一次他生病昏迷5日，扁鹊被请来诊断。诊视后，扁鹊告诉赵简子的心腹董安于，说这是"血脉症"，并不危急，秦穆公以前就得过这个病，7天后自己就醒过来了，并且还能未卜先知，你家主公大概也会如此。董安于将信将疑，结果两天后赵简子果然复苏，并且一如扁鹊所言。于是大家都很惊异于扁鹊医术的神奇。

还有一次，扁鹊经过虢国，适逢虢国太子病死了，病症是"血气不时，交错而不得泄，暴发于外，则为中害，精神不能止邪气，邪气畜积而不得泄，是以阳缓而阴急，暴厥而死"。扁鹊再次发挥自己的天才医术，根据"太子耳鸣而鼻张""两股以至于阴，当尚温也"，断定不过是"尸厥"（休克）症。于是扁鹊让弟子采用针灸法循序渐进，使得虢太子起死回生。此次妙手回春，天下尽传扁鹊盛名。

扁鹊为齐桓侯相面之事，最为生动。扁鹊望桓侯之色，谓其病在腠理，不治将深。齐侯不然，骄恣讳疾，并谓左右曰："医之好利也，欲以不疾者为功！"后扁鹊言疾在血脉，桓侯置若罔闻；言病入肠胃，桓侯还不为所动。后病深入骨髓，桓侯无可奈何而死。

司马迁记载的这3件事都具有浓厚的传奇色彩，生动刻画了扁鹊作为关中名医的神奇之处。

东汉医圣张仲景在《伤寒杂病论·序》中感慨："余每览越人入虢之诊，望齐侯之色，未尝不慨然叹其才秀也！"又谓："夫欲视死别生，实为难矣！"据说扁鹊的著述很多，但是多已失传，流传至今名闻于世者仅有《难经》两卷。《难经》"词简而义博，理深而旨远"，是医家的基本经典。

关中地区传说扁鹊90余岁时，带着弟子在秦国游历行医，恰逢秦国国君秦武王头部患有疾病，一发病就耳鸣眼花、头晕目眩，整日寝食不安，而武王身边的御医李醯，贵为秦国第一"圣手"，面对怪病却束手无策。秦武王听说扁鹊医术高超，就打算请他来给自己诊治。作为同行，李醯当然知道扁鹊的医术，也非常忌妒扁鹊的才能。得知秦武王要请扁鹊，他十分害怕，担心扁鹊一旦治好秦武王的病，就可能威胁到自己的御医地位。于是，李醯千方百计阻挠扁鹊给秦武王医治，他向秦武王进言："大王，您的病是在耳之前、目之下，以您尊贵的身份，如果请一个江湖游医来给您治病，万一治坏了，让您耳聋眼瞎，那可如何是好！"由此，秦武王放弃了让扁鹊治病的想法。

不久秦武王扭伤了腰，李醯治疗，不但未好，反而病情加重，武王因此大怒。宫内又有人举荐扁鹊，武王听后急传令找寻，终寻得扁鹊进宫为其进行医治。通过按脉、推拿、服药，几天后武王的身体竟然得以痊愈。武王大喜，赏赐扁鹊，并想留扁鹊做太医令。李醯深感大事不好，千方百计阻挠武王的计划，同时萌发了除掉扁鹊的念头。他找来心腹，暗下毒手，杀害了扁鹊。

扁鹊和李醯的故事虚实迷幻，怕是当不得真。但秦国在先秦时期医疗技术领先，则是毋庸置疑的。

## 三、千古一帝
### ——秦始皇帝

秦始皇即嬴政,是秦庄襄王之子。庄襄王是秦昭王的孙子,曾经作为质子生活在赵国。他在赵国娶了吕不韦的小妾,秦始皇便是这位小妾所生。

嬴政13岁的时候,父亲去世,他继承了王位。这时候,秦国已经有了统一天下的趋势。在南方,司马错率军攻灭巴国和蜀国,设置了巴郡和蜀郡,使四川盆地成为秦国的第二个天府,并趁机跨过宛县,占领了楚国的郢都,设置南郡,以时刻威胁楚国;在北方,秦国不断征伐,攻强赵,凌魏韩,占据了今山西高原的大部,设置了河东、上党和太原诸郡;在东方,秦国兵锋直指,灭东周、西周,进中原,设三川郡,一个统一的大秦帝国呼之欲出。

由于"奇货可居"之策获得成功，吕不韦在政治上青云直上，担任秦之相国，享10万户之邑，封文信侯。战国时期，招揽食客成为一种风气。吕不韦也不例外，李斯、蒙骜、王齮、麃公等一时之杰先后入其门下，参与国家大事的讨论，成为吕不韦实现政治诉求和秦国统一的重要力量。

嬴政幼年即位，许多政治权力尚难以行使，吕不韦借机扩张自己的势力，被尊为"仲父"，间接地掌握了秦国的大部分权力。吕不韦当政10年，实施了一系列政治、军事和文化政策，尤其是他在文化上的建树，给崛起的秦国做了铺垫和谋划，他还曾试图给秦国制定政治纲领。

《史记·吕不韦列传》记载，在那时，魏国有信陵君，楚国有春申君，赵国有平原君，齐国有孟尝君，他们都礼贤下士、结交宾客，并要在这方面争个高低上下。吕不韦认为秦国如此强大，在此方面也应有所作为，所以他招揽文人学士，给他们优厚的待遇，门下食客多达3000人。那时各诸侯国有许多才辩之士如荀卿等人，他们著书立说，奔走于天下。吕不韦就命他的食客将各自所见所闻记下，综合在一起，成为八览、六论、十二纪，共20多万言。吕不韦认为这些内容包括了天地万物古往今来的事理，故而称之为《吕氏春秋》。

《吕氏春秋》虽是众多门客合作撰著，但是吕不韦也在其中倾注了大半生的期盼和心血。该书尝试着对先秦时期百家思想进行综合选择，从而为即将诞生的秦帝国在政治及思想上进行规划。该书宣扬"德主刑辅"的政治主张，对以荀子为代表的先秦儒学做了较为深刻的阐述。荀子是战国时期儒家的杰出代表，韩非和李斯都曾在他那里学习，然而在学术及政治主张上，与其最为接近的却是吕不韦。"礼乐王道"思想是荀子最为核心的主张，这在吕不韦的著作中有所反映。除了吸收儒家的学说，吕不韦也积极吸纳道家的思想，如老子的"民本"思想，他认为民众是宗庙长存的根本。吕不韦曾说："先王先顺民心，故功名成。"他还将战国时期儒家的修身、齐家、治国、平天下的内圣外王等思想主张充分地吸纳进来。

吕不韦推崇儒学，在一定程度上影响了秦始皇，因此秦始皇早年不仅对儒生、儒家及儒学没有多少抵触，甚至还有些儒学情结。前221年，秦始皇统一天下，不久就"悉召文学方术士甚众，欲以兴太平"。在秦始皇看来，儒家的修身、齐家、治国、平天下的政治理念是有很多可取之处的。通过秦始皇到泰山进行封禅祭祀可以看得出来，他曾经与诸多儒生一起歌颂秦朝的德政，并刻石记录。泰山石刻充满着浓厚的儒家思想要旨，体现出秦始皇对于包括儒学在内的多种文化的包容。秦朝时，鲁地（今山东地区）儒学比较昌盛，至秦灭、楚汉相争之际，这里的儒生仍在"诵习礼乐，弦歌之音不绝"。这更加说明了秦朝的文化政策并非是完全排斥儒家等其他学派的思想的，甚至，以淳于越为代表的博士，正是由于在儒学方面的造诣才能入朝做官的。

秦始皇在很多时候还是能够听取不同意见的，而非完全一言堂的专制君主。他曾经计划要扩大射猎的区域，东到函谷关，西到雍县和陈仓。优旃说："好。多养些禽兽在里面，敌人从东面来侵犯，让麋鹿用角去抵触他们就足以应付了。"秦始皇听了这话，就停止了扩大猎场的计划。

在彻底清除嫪毒集团的反叛之后，他听取了茅焦的建议，宽恕了自己罪孽深重的母亲，并给予其应有的照顾。在消灭楚国的战争中，由于他错误估计了灭楚的难度，轻信了李信的建议，准其带20万人进攻楚国，结果秦军大败，伐楚事业受阻。关键时刻，秦始皇能够及时反思自己的错误，亲自到王翦的家中道歉，并恳求王翦出兵伐楚，答应其原有条件——带兵60万南下，这几乎是秦国一大半的兵力；王翦提出良田美宅的要求，他也毫不吝啬地予以满足，这些都直接促进了伐楚事业的进展。由于听取了错误的言论，他下发了《逐客令》，驱逐在秦任职的山东六国之人，在看了李斯所写的《谏逐客书》后，他及时认识到了失误，并随即废止了《逐客令》，挽回了大局。这些都体现了秦始皇在文化及政治上宽容的一面。

不光秦始皇在治国理政上具有儒学气质，在秦国的大臣将领身上，这一点也有较为充分的反映。以蒙恬为例，作为秦帝国镇守边关的武将，他不仅具有高超的军事素养，还有极强的政治谋略。

当千古一帝秦始皇返回咸阳途中殒命于沙丘时，赵高和李斯谋划立胡亥为帝，蒙恬因镇戍北疆和扶苏一起错失了良机。后来蒙恬被关押，生死悬于一线。秦公子婴为他在秦二世面前说情："今蒙氏，秦之大臣谋士也，而主欲一旦弃去之，臣窃以为不可。臣闻轻虑者不可以治国，独智者不可以存君。"面对即将到来的死亡，统率30万大军的蒙恬本可以做一些反抗的，但是他却说："蒙氏家族自先祖以来，效忠秦国，南征北战，战功卓著，我不能因为自己被冤枉关押而将先祖积留下来的荣誉、威信、忠诚辱没。蒙氏家族之人，不会做出反叛的事情来，此种悲惨的结果一定是有奸臣作乱以混淆圣听。我的言语，并非是想求得清白，为家族挽回名节，而是忠心劝告皇帝，政策的实行要慎重，三思而行，做出正确的选择。"

《太平御览》还引《博物志》记载说："蒙恬造笔。"清代赵翼说："笔不始于蒙恬明矣，或恬所造，精于前人，遂独擅其名耳。"可以断言的是，蒙恬曾改良过毛笔工艺。作为一员武将，蒙恬还对文学有相当浓厚的兴趣，对音律也较为熟悉。有传说认为，筝的发明权就属于蒙恬。唐人赵璘《因话录》记载："秦人鼓瑟，兄弟争之，又破为二。筝之名自此始。"唐代还有"蒙恬（将瑟）中分之；令各取半，因名秦筝然"的说法。蒙恬身上所体现的儒家品质，一方面，得益于秦始皇时期相对开明的文化政策；另一方面，蒙氏家族人才辈出，世居高位，也凸显出秦帝国人才选拔制度的开明。蒙恬并非孤例，秦代的高官中，胡毋敬曾任主管司法刑狱的官员，李斯、赵高等人"通于狱法"。

秦帝国的统治阶层大部分具有较高的文化修养，这种现象在某种程度上可以反映出秦朝文化政策的包容性，由嬴政所推动建立的文化花园，也曾缤纷闪耀。然而，秦国自商鞅变法以来，法家思想一直占据主导地位，尤其是在大争之世，秦始皇的文化政策依旧没能脱离商君所制秦法的窠臼。秦始皇对李斯和韩非极为欣赏，在读了韩非的书后，他曾经感叹：如有机会和韩非一起畅谈，人生也就圆满了。这句话或许能够从一个侧面反映出秦始皇文化政策的转变。

李斯出身于基层官吏，他觉得人之成败与其所处之位置密切相关。《史记·李斯列传》记载了他早年的一个故事。李斯年轻时，曾在郡里担任负责看管仓库的小官，一次偶然的机会，他在办公处附近厕所里看到几只老鼠在吃脏东西，一听到有人或狗的声音，老鼠就惊恐逃窜。接着，李斯到仓库中查看，发现了粮仓中也有几只老鼠，安闲地吃着上等的米，丝毫不害怕外界的声音，高大的仓房为其遮蔽风雨。老鼠的不同境遇给了李斯很大的刺激。他感叹到，人是否成功，不完全是自己的能力决定的，就如同老鼠一般，是由自己所处的位置和环境决定的。

观念转变的李斯辞去了小吏的工作，带着自己的梦想和抱负来到了秦国。起初，李斯投奔于吕不韦门下，给他当食客，李斯的才能得到吕不韦的赞扬，因而得到了上升的平台。李、吕二人都对秦国的事业做出了很大的贡献，虽政见上侧重不同，但殊途同归。吕不韦惧罪自杀，李斯因为开罪于赵高而被秦二世腰斩于咸阳。吕不韦罢相期间，为其求情的儒生很多；待其被流放时，宾客使者相望于路。吕不韦在政治舞台上的失势，在某种程度上体现着秦帝国的发展难以如嬴政期待的那样"二世、三世至于万世，传之无穷"。

在与李斯的组合中，秦始皇的法家政策更为明显。秦始皇"刚毅戾深，事皆决于法，刻削毋仁恩和义"，而且勤于政事，用"鞠躬尽瘁，死而后已"形容一点也不夸张。据说他每天批阅的文书约120斤，"天下之事无小大皆决于上，上至以衡石量书，日夜有呈，不中呈不得休息"。

唐朝诗人章碣在《焚书坑》中有"坑灰未冷山东

乱，刘项原来不读书"一句，说明秦朝灭亡与其文化政策的相关性。但是秦朝短命的原因是多方面的，秦统一后新的统治政策，包括政治、经济等方面的矛盾尚未与焚书坑儒的政策产生因果联系。更为重要的是，秦始皇是在巡视归来的路途中突然去世的，此时的他尚在追求长生的路上不能自拔，根本没有对秦朝未来的发展尤其是应对突发事件方面做出相应的安排。最高权力的空缺给了别有用心的人相当大的便利，利用接班人来保护自己的既得利益成为政变者优先考虑的选择，从而改变了大秦帝国运行的轨道。以一个典型的例子来反映秦二世对于秦朝政策的改变是合适的：战国时期，面对中原各国变法的潮流，秦献公就开始实行"止从死"的政策，废除人殉制度，后历经数代，这一观念日益稳固。但是胡亥却漠视这一传统，残酷地对生命进行践踏，他利用人殉制度来消灭反对他的敌人，其中甚至包括大量的宗室贵族和朝廷大臣。这些措施动摇了秦帝国的统治基础，为秦朝的灭亡埋下了伏笔。

秦的灭亡，也和一定程度的滥用民力有关，百姓多言，"天下苦秦久矣"。因此，秦始皇被视为暴君也不冤枉。秦始皇前无古人的伟大功业，是建立在专制国家机器对于普通劳苦大众的经济剥削之上的，正所谓"兴，百姓苦"。

唐代曹松《己亥岁》说："泽国江山入战图，生民何计乐樵苏。凭君莫话封侯事，一将功成万骨枯。"秦始皇无与伦比的大功业中社会苍生付出的代价，自然比这首诗描写的"万骨"更甚！

"秦始皇作阿房而殃及其子，天下叛之，二世而灭。夫不度万民之力，以从耳目之欲，未有不亡者也。"儒家讲求爱民，爱惜民力，秦始皇并非不知，但是功业和代价总是相辅相成的，他的政治辉煌，也给百姓带来了无穷无尽的灾难。

秦帝国专制主义的发展，是裂变式的突进。把一个政权的兴衰完全和最高统治者结合起来，有着几乎不能克服的弊端，一旦最高统治者生命走到尽头，那么他所构架的帝国框架和统治模式便将难以有人接任，正所谓"人亡而政息"。这是典型的"人治"而非商鞅所践行的"法治"模式。从这个意义上讲，秦朝的覆灭和秦始皇的偶然死亡密切相关。

# 四、焚书坑儒

## ——秦始皇的文化暴政

在秦统一六国后的第八年,即始皇帝三十四年(前213年),秦始皇在咸阳宫召开了一次决定帝国未来走向的会议,会议的议题有两项:一是定封号,二是定制度。前者并没有遇到太大的阻碍,"皇帝"自此成为最高统治者的专称,但是关于帝国未来要实行怎样的统治制度,却展开了针锋相对的讨论。首先是博士齐人淳于越上前说:"我们都知道,商周两朝的统治时间特别长,实行分封制度,将子弟分封到其他地方做诸侯,作为天子的枝辅。但是您的子弟却没有这样的待遇,试想一旦遇到叛乱,谁能过来救援呢?凡事不向古代的做法学习而能长久的,我还没有听说过。"面对这种言论,廷尉李斯马上反驳道:"五帝的制度并非一成不变，夏、商、周三代制度也非完全因袭，但是却都能长治久安。这不是他们一定要故意不同，而是不同的时代有不同的问题，他们遇到的问题变了，统治制度也要相应做出改变。现在陛下创造了伟大的功业，取得了天下的统一，这些成就是愚昧的儒生难以理解的。更何况夏商周的旧式距今已十分遥远，没有什么制度可供借鉴。"

李斯进而冒死进言道："古代天下分裂，诸侯相争数百年。说话都是引用古人所言以非当今之事，矫饰虚言而扰乱名实，只是抬高自己所学之内容而指责朝廷的制度政策。当今陛下一统天下，但私学常常非议朝廷法令政策，蛊惑百姓，或者在心里议论，或者在街头巷尾谈论。在君主面前抬高自身学问，在民众中间制造谤言。种种乱象如果不能禁止，君主的权威就会受到挑战，朋党的势力就会兴起。臣以为禁止这些是非常必要的。除此之外，我还建议史官把除了秦国以外的史书全部焚烧掉，除博士官署所掌管的之外，天下敢有收藏《诗》《书》、诸子百家著作的，全都送到地方官那里一起烧掉；发现有讨论《诗》《书》的，处以死刑示众；以古非今者满门抄斩；官员知而不报者同罪；命令下达30天内仍不烧书的，处以黥刑或发配边疆。医药、卜筮、种树的书不在焚烧之列。如果有人要学习法令，就直接以官吏为师。"

很明显，秦始皇的焚书是一场空前的文化浩劫，这是商鞅"燔诗书而明法令"的变法政策的实践与继续，这种极端错误的文化措施是应该彻底否定的。秦始皇在政治、经济上实现了统一，还希望在意识形态上以特有的手段实行思想专制，其针对的目标明显是儒家。

焚书这种做法粗暴而难以奏效，经过焚书，先秦以前大批的文化典籍被付诸一炬，这一把火成了战国时期"百家争鸣"思想的悲壮挽歌，令人感伤和无奈。

在批评和否定这场运动的同时，我们也应看到，秦始皇的焚书政策并不是要焚烧所有的书籍，医药、卜筮、种树等书不在焚烧的范围之内，而且焚烧主要集中在民间私藏的书籍，并不含官府的藏书。

后世理解"焚书"政策，包括"以吏为师"的文化政策，常将之解读为文化专制，这个判断虽然基本不错，但和历史真相还是有些距离。当时的客观实际是，秦始皇首开"收天下书，不中用者尽去之"的先例，这是为适应帝国统治而采取的一种文化政策，目的依旧是想稳固统治。章太炎曾说："不燔六艺，不足以尊新王。"一个崭新的帝国迫切地需要建设自己的文化根基，这些政策正是秦始皇不懈努力的表现。而他的作为过于简单粗暴，自然成了众矢之的，的确也是他的一大悲剧。

秦始皇还有一条"坑儒"的罪状。司马迁的《史记·秦始皇本纪》记载了这个事件的原委：给秦始皇求仙的侯生、卢生等人谈论秦始皇，说"始皇为人，天性粗暴凶狠，自以为是"……贪于权势到如此地步，他们不能为他去找仙药，于是二人逃逸。始皇听说后，十分恼怒地说："我先前查收了天下所有不适用的书，把它们都烧掉了；征召了大批文章博学之士和有各种技艺的方术之士，想用他们振兴太平，这些方士想要炼造仙丹寻找奇药。今天听说他们逃跑了，而徐福等人花费的钱以数万计算，最终也没找到奇药，只剩他们非法牟利互相告发的消息传到我耳朵里。对卢生等人我尊重他们，赏赐十分优厚，如今竟然诽谤我，企图以此加重我的无德。这些人在咸阳的，我派人去查问过，有的人竟妖言惑众、扰乱民心。"于是派御史去逐一审查，这些人辗转告发，秦始皇亲自把他们从名籍上除去，一共460多人，并将这些人全部在咸阳活埋。

前231年，秦始皇在临潼设郦邑。据说在今陕西西市临潼区斜口街道办洪庆堡村有坑儒谷，即秦始皇下令活埋儒生的地方。汉代在临潼新丰建"愍儒乡"，以表对死难儒生的告慰、哀怜。唐明皇在这里也建有"旌儒庙"，命中书舍人贾至撰文勒石，彰祭死难诸儒先贤，并将"愍儒乡"改为"旌儒乡"以示旌表。宋又据原来碑文，重新刻碑作序，碑序中载："坑儒谷在临潼城西南二十里，骊山平原横坑村。"现在谷西岸有一土冢，被当地民众传为坑儒冢，"冤骨积于坑谷，流血淬于泉壤"。当地流传一个说法，说曾在遗址近旁一条沟中发现过厚达30厘米的骨粉层。

坑儒发生于焚书令颁布的第二年。"事皆决于法"的秦始皇为何会大发雷霆，亲自下达了"皆坑之"的残酷命令？秦始皇设置博士议政的初衷就是让他们参与政事，所以淳于越敢于当面指摘周青臣但并没有因此而获罪。即便是街头巷尾有儒生评议国家政策，按秦法之缜密，也有专门的机构负责处置，没有必要上升到庙堂之上，由秦始皇亲自下令予以处置，因而此事大有可疑。

有一种猜想，秦始皇坑杀的是另外一批人，和儒生没有关系。或是汉儒将其指为儒从而指斥秦始皇的残暴也未可知。许慎说："儒，术士之称。"秦始皇时期，所谓的儒生成分极为复杂，偏重于方士，且混杂了许多滥竽充数的方士。秦始皇"恶言死"，所以把人生终极希望寄托在长生不老、求神问道之上。徐福言海外蓬莱、方丈、瀛洲三仙山有长生不老之术，于是始皇帝派其入海寻访仙人，并且还派遣卢生、韩终、侯公、石生等分头寻找神仙，并作《仙真人诗》，配乐歌唱。侯生与卢生为了骗取信任，经常大搞神秘主义。秦始皇对这些人的说法深信不疑。他听从方士的神秘宣传，"令咸阳之旁二百里内宫观二百七十复道甬道相连，帷帐钟鼓美人充之，各案署不移徙"。但这些方士并没有达到秦始皇预期的要求,更让他气愤的是,这些人不仅沽名钓誉、骗吃骗喝,还诽谤他贪恋权势,这一切都让他备受打击,盛怒之下,他下令处死400余人。这大概才是历史上坑儒的真相。

秦始皇杀害方士,是应谴责的,这表明了他的生性残暴,将自己放置在人民群众的对立面。但是方士的不务正业,也是应该警醒的。子贡曾经说:"纣之不善,不如是之甚也。是以君子恶居下流,天下之恶皆归焉。"后世对于坑儒的评价也与此类似。加之秦朝只维持约16年就灭亡了,后世所建构起的暴秦形象也在一定程度上影响了人们对坑儒事件的评价。

# 五、冥世绝唱
## ——秦始皇陵墓与兵马俑

今陕西西安临潼区,有举世闻名的秦始皇陵和秦始皇兵马俑博物馆。秦始皇陵在临潼市区东约5千米处。唐代诗人王维曾经写过《过秦皇墓》诗:"古墓成苍岭,幽宫象紫台。星辰七曜隔,河汉九泉开。有海人宁渡,无春雁不回。更闻松韵切,疑是大夫哀。"王维看到的秦始皇陵是一座松林覆盖的苍岭,"紫台"是仙境;"渡海"指代秦始皇让徐福求仙的故事;"星辰""河汉"据说是秦始皇地宫里面表示天地的装饰;"七曜"表示黑夜;"九泉"是阴曹地府。秦始皇地处骊山,是早在嬴政13岁时就开始营建,历时39年才基本完工的宏大陵墓建筑群。如果说古埃及金字塔是世界上最大的地上王陵,那么秦始皇陵就是世界上最大的地下皇陵，堪称空前绝后、绝无仅有。

秦始皇在东巡路上突然患病死去，给新生不久的秦帝国带来了致命的打击。这位雄心勃勃的政治家只活了50岁，他相信觅得仙方便可长生不老，因此没有预设在这种情况下的紧急预案，只好由他的近臣赵高、李斯来安排秦帝国的命运了。秦始皇的死只有极少数人知道，太子扶苏拥兵30万在上郡，忽然接到以秦始皇名义下达的赐死诏书，同时接到诏书的还有大将军蒙恬。这两个人死后，咸阳才宣布了秦始皇辞世的消息。在赵高和李斯的密谋下，秦始皇的次子胡亥登基，是为秦二世。

秦始皇陵又名"丽山"，陵园称"丽山园"，陵内"珍宝之藏，机械之变，棺椁之丽，宫馆之盛，不可胜原"。它南依骊山，北临渭水，高大的封冢被巍峨的峰峦环抱，与骊山浑然一体。当地有人说这是"藏龙卧虎地，九凤朝阳穴"；又有人说骊山群峰若莲瓣，陵墓若莲蕊，因此叫"莲花穴"。有人根据卫星拍摄的照片看到，从骊山到华山，山脉起伏似一条龙，而秦始皇陵正好位于龙头眼睛的位置。"画龙点睛"之说，增添了人们的玄思妙想。古人虽然迷信风水，似乎并没有从高空鸟瞰宏观地貌的超能力，但人们把秦始皇陵说得神乎其神，并非毫无道理，因为秦始皇陵处处透露出神秘文化的气息。

秦始皇陵是中国历史上第一个封建皇帝陵园，创下了奢侈和传奇之最。它充分体现了秦始皇对死后世界权力的追求，由于年代久远以及秦始皇个人的传奇性，秦始皇陵成为神奇迷人的世界难题，引诱着无数的现代人去猜想去追寻。

陵园仿照秦国都城咸阳的布局建造，具备4条墓道，大体呈"回"字形，陵区分陵园区和从葬区两部分。秦始皇陵的封土形成3级阶梯，状呈覆斗，底部近似方形。《汉书》记"陵高五十余丈，周长五里多"，可知冢高在115米，封土底部周长应该达2000多米。由于历经千年的风雨侵蚀和人为破坏，现封土底面积约为12万平方米，高度为87米。陵园筑有内外两重夯土城垣，象征都城的皇城和宫城。内城略呈矩形，周长3840米，除北面开两门外，其余三面各开一门，内城里即为封土所在。外城呈矩形，周长6210米，四面各开一门。整个陵冢位置在陵园南部，寝殿和便殿建筑群在北。陵园以封土堆为中心，四周陪葬众多，规模空前，包括闻名遐迩的兵马俑陪葬坑、铜车马坑，后来发现的大型石质铠甲坑、百戏俑坑、文官俑坑以及陪葬墓等600余处。数十年来，在此出土的文物多达10万余件。

1999年，在秦始皇陵K9901陪葬坑（百戏俑坑）发掘出土一件秦代青铜鼎，形体硕大，所以称为"秦陵大鼎"，现陈列于秦始皇帝陵博物院综合陈列大厅。该鼎重212千克，通高61厘米，鼎口内敛，附耳鼓腹，下有3个蹄状足，两耳肩宽94厘米，口径65.5～71厘米，腹深34厘米。腹部有均匀排列的6组变形纹，足部有兽面纹。此鼎造型厚重，上有精美的花纹，整体气势磅礴恢宏，是目前秦陵内发现的体量最大的一件秦代铜鼎，应该是宗庙重器。鼎是国家权力的象征，这件文物象征秦帝国至高无上的国家权力。此鼎因与百戏俑出土于同一个遗址坑，又有学者认为应该是举鼎俑所用的一件道具，还有人认为它是礼器，因秦末战乱而被掩埋。在秦始皇陵七号陪葬坑内，还发现了天鹅、鸿雁、鹤等31件青铜水禽，个别铜禽身体上的彩绘尚依稀可辨。据考古工作者推测，这座陪葬坑应是模仿水禽生活的场景。

据记载，当时为了防止河流冲刷陵墓，秦始皇下令将南北向的水流改成东西向。在秦陵周围地下存在规模巨大的阻排水渠，长约千米的阻排水渠其实是堵墙，底部由厚达17米的防水性强的清膏泥夯成，上部由84米宽的黄土夯成，规模之大令人难以想象。阻排水渠设计巧妙，秦始皇陵园地势东南高西北低，落差达85米，而阻排水渠正好挡住了地下水由高向低渗透，有效保证了墓室不遭水浸。

秦始皇陵墓上面遍种松柏，一片青翠。关中地区坟墓上种植松柏的习俗由来已久，据史料记载，骊山汉时已经广植松柏。柏喜阴山，木皆属阳，柏向阴指西，

"柏之指西，犹针之指南"，这是《六书精蕴》中所言。自古到今，柏不植宅院之说可能与"西"有关。西，为西天，喻阴间。秦始皇陵墓大规模种植柏树，可能是为防止魍这种恶鬼食死者的肝脑，并且松柏的味道可以遏制穿山甲等动物的袭扰。

秦始皇定都在咸阳，陵墓却要修建于骊山，对此，北魏郦道元从风水学上给出解释："秦始皇大兴厚葬，营建冢圹于骊戎之山，一名蓝田，其阴多金，其阳多美玉，始皇贪其美名，因而葬焉。"（《水经·渭水注》）此说被后世称为"头枕金，脚蹬银"。但是秦始皇登基时已经开始修建陵墓，作为13岁的孩子似乎还没有这样的理解力。秦始皇陵墓位置的确定应该是依据礼制，是秦先君墓地位置排列的结果。春秋战国时期，秦公墓地多在故雍城之外，也就是秦的西陵区。迁都咸阳以后，陵墓也随之东移。正是因为秦始皇先祖及太后的陵园在临潼区以西的芷阳一带，秦始皇陵园才选在芷阳以东的骊山之阿，这显然是出于礼制的选择。葬在芷阳的秦宣太后希望其陵墓能"西望吾夫，东望吾子"，正体现了这个原则。在秦始皇即位之初，宣太后掌握着一定权力，她是始皇的祖母，她既然要望子望夫，作为晚辈的秦始皇便只能长眠在芷阳以东了。

1986年2月2日，骊山西麓的原韩峪乡范家村农民挖修水渠时，发现了一处规模巨大的陵园，陕西省考古研究所与临潼文物管理部门遂在此勘察钻探。经过3年的艰苦努力，确定这处古遗址是秦芷阳陵区，称秦东陵。秦东陵之名，是秦代按照方位及其王室陵园命名的，是与雍城三畤原上的秦公诸陵相对而言。秦孝公十三年（前349年）徙都咸阳至秦昭襄王四十年（前267年）前后，开始建茔陵于骊山西麓——秦东陵遗址所处的地理位置，与文献记载中的芷阳相合，在灞河的东塬、骊山之西麓。《史记·项羽本纪》载，汉高祖逃离鸿门宴时"从郦山下，道芷阳间行"，亦可证明芷阳就在骊山西麓，而不在灞河西岸的白鹿原上。

秦始皇陵墓位置的选择也与当时"依山造陵"的观念有关。陵，意为封土高大；陵又通"凌"，有"凌驾"的含义。大约自春秋时代开始，各诸侯国国君相继兴起了"依山造陵"的风气。秦始皇陵墓造在骊山之阿也完全符合这一观念。但是他的陵不称"陵"，而称为"丽山"，用山以示高于一切的气势。另外，秦始皇陵建在临潼，还有归位孝公以来祖宗之意。献公和孝公，建都于栎阳，给秦帝国后世的辉煌奠定了坚实的基础；重回临潼，表现了秦代国君在精神上的回归和安息，并且东方为太阳升起的地方，意味着一个历史生命循环的完成。

秦始皇陵工程浩大，传统看法是由丞相李斯主持规划设计，大将章邯监工。但是李斯入秦较晚，而且初来之时秦始皇陵已经在建造了，所以原先的主持者应该是吕不韦。吕不韦辅政前10年，由他主持修建陵墓符合先秦时代丞相负责祭祀的惯例；吕不韦死后，按照丞相督造的传统，可能冯去疾和李斯等先后主持过这个工程。

当时，秦朝总人口约2000万，而筑陵劳役达72万人之多。《史记·秦始皇本纪》正义引《关中记》说："始皇陵在骊山……有土无石，取大石于渭（山）[南]诸山。"考古认定修陵园所用大量石料的确取自渭河北的仲山、嵯峨山。所用土方，则取自今陵园以南2千米的三刘村到采石场部之间，今天那里仍有高5~25米的多级黄土崖。

从秦始皇陵向北2.5千米上下，有一片洼地，叫"鱼池"，当地人说这正是当年取土之处，因为工程浩大，这里被挖成了一个方圆2千米的大坑，雨水山洪得以聚集，形成了池沼，所以得名"鱼池"。鱼池遗址也在考古工作者努力下得以重现，其东西长约2千米，南北宽约500米，总面积约100万平方米。遗址横跨渔村堡、鱼池村、吴东和吴中4个自然村。历年来发现铜、铁、陶等各类材质文物近千件。特别引人注目的是出土的大批陶文，其内容可分两大类：一是带有官署名和人名的陶文，如左司空尚、北司、宫水等，此类陶文在秦始皇陵园的各个建筑遗址都有发现。左右司空和北门、宫水都是官府的属官，带有此类陶文印迹的砖瓦都是秦中央官署制陶作坊的产品。另一类陶文是在人名之前冠以县邑名，如美阳工苍、宜阳工城、乌氏工昌、蓝田工癸等。带有此类印记的砖瓦，说明它是由各地的陶工烧造的。由此可以想象，秦王朝为了适应陵园大规模建筑急需，从各县邑征调了大批陶工，集中于秦始皇陵附近，设立窑厂制造砖瓦。这些陶工烧制的砖瓦，分别打上各自的印记，以便稽考，即所谓"物勒工名，以考其诚"。

秦始皇陵墓的地下宫殿是陵墓建筑的核心部分，位于封土堆之下陵园宫城整体的南部。秦始皇的地宫被视为最为神秘的领地，因为没有进行科学发掘，更是引起人们无尽的猜测。史书记载，秦始皇把他生前的荣华富贵全部带入陵墓的地宫，"自古至今，葬未有如始皇者也"，因此，秦陵地宫堪称秦代的"国库"。司马迁在《史记》中记载说，秦始皇统一天下后，从全国各地送来70多万徒役，凿地三重泉水那么深，灌注铜水，填塞缝隙，放入外棺；又修造宫观，设置百官位次；接着把珍奇器物、珍宝怪石等放置进去；工匠还制造了由机关操纵的弓箭，防止盗墓；用水银做成百川江河大海，用机器灌注输送；顶壁装有天文图像，下面置有地理图形；用娃娃鱼的油脂做成火炬，可以长久照明。

这段记载成为无数人费尽心机想要揭开的千古之谜。

关于地宫的位置和深度，《汉旧仪》记载，前210年，丞相李斯向秦始皇报告，称其带了72万人修筑骊山陵墓，已经挖得很深了，好像到了地底一样。秦始皇听后，下令"其旁行三百丈乃至"。"旁行三百丈"（接近700米）一说让秦陵地宫位置深度更是变得扑朔迷离。有人认为，秦陵地宫不浅也不深，《史记》提到的"三泉"，无外乎人们经常提到的"九泉之下"之类，是虚指。《吕氏春秋》记载"浅则狐狸扬之，深则及于水泉"，即最深到泉水。在古代由于技术条件限制，要在泉水下施工实为不易，并且如果地宫位于地下水位之下，地下水长期渗透，定会使地宫遭受"浸"害，秦始皇及其皇陵的设计者不可能不考虑到这一点。据现代考古推测，地宫就在秦陵之下，它东西长260米，南北约160米，总面积约41600平方米，中心点的深度约30米，约等于5个国际足球场大小，大概属竖穴式样。

《史记》上说地宫是"上具天文，下具地理"，可能是在墓室顶部绘画或者线刻有日、月及二十八星宿，下部可能是以水银代表的山川地理。地宫里面的水银，象征了江河大海。1981—1982年，科学工作者用测量汞含量的办法研究秦陵，发现在秦始皇陵坟丘中心有一个面积约1.2万平方米的强汞异常区，这里土壤汞含量明显高于其他地方，约是其他地方汞含量的8倍。一些学者认为："地宫内水银的分布有一定的规则，构成几何图案，这些图案可以反映地宫的部分构造。"从这些高科技的研究结果看，司马迁的说法并不是向壁虚造。使用水银构成几何图形这一技术在如今的条件下要实现还是很困难的。

司马迁既然说地宫"奇器珍怪徙藏满之",除了为人普遍知晓的金雁、翡翠和珠玉外,还会有什么呢?秦始皇既然是一个相信长生、希望人世永恒的帝王,并且是一个喜欢收藏名品的专家,他死后安息的地方自然少不了生前迷恋和欣赏的各种宝物。秦是统一的大帝国,自然拥有全国各地数不清的珍宝古玩。李斯在《谏逐客书》中曾经形象地描绘了秦始皇的收藏爱好:"今陛下致昆山之玉,有随、和之宝,垂明月之珠,服太阿之剑,乘纤离之马,建翠凤之旗,树灵鼍之鼓。"不仅如此,秦始皇明显有享乐主义的倾向,他的朝廷里有夜光之璧以及装饰着犀角、象牙的生活用具;后宫里面还有郑、卫等国倾城的美人,并且这些美人佩戴的簪子、耳坠都是用珠玉制作而成;宫中丹青和金锡也是随处可见。作为秦帝国伟大的领袖,这些宝物也应该会和秦始皇一起长眠地宫。此外,秦始皇勤于政务,批阅了大量公文、简牍,把秦代政治文件带入地下世界也是自然的,先秦的各种典籍也应该得以共携。

秦始皇陵以其规模宏伟、空前的厚葬而闻名,因此陵墓的保护问题很受关注。项羽对秦始皇陵的破坏是秦始皇陵是否被盗的争议焦点。白居易的《草茫茫》和鲍溶的《经秦皇墓》似乎都说秦始皇陵在秦末动乱中被项羽盗掘过，而且细节和《史记》记载项羽"烧秦宫室，火三月不灭"呼应。其实最早说到项羽发掘秦始皇陵的，是楚汉两军对峙广武时，刘邦列举项羽的十大罪状，其中第四条就是"烧秦宫室，掘始皇帝冢，私收其财物"。据《汉书》和《水经注》的记载，秦始皇陵于前206年被项羽凿毁。北魏郦道元在其《水经注》中说，项羽入咸阳之后，以30万人运了30天还没有把东西运完。以后，关东盗贼又将始皇帝铜棺窃去。后又有牧羊人因寻找遗失的羊，持火把进入墓穴，不慎失火，将陵墓彻底烧毁，大火烧了90天都没灭的传说。这些说法大约都是文学家们的想象而已。司马迁写《史记》的时候，距秦始皇入葬仅百余年，但其中的《秦始皇本纪》对陵墓被毁一事只字未提，而600年后的郦道元却记述详细，这不大符合历史规律。因此，我们倾向于认为秦始皇陵被大火焚烧过，但应该没有被大规模盗掘，还是相对完好的。

当秦始皇陵兵马俑坑的面纱刚刚被考古工作者揭开时，人们看到的是陶俑身首异处、腿断臂折，隔墙上的棚木被烧成黑色的焦炭，就连隔墙本身也被烈火烤成了赤红色。在兵马俑坑的发掘过程中，3座俑坑内都发现了人为破坏的迹象。一号俑坑的全部和二号俑坑的一部分，都是因为被火焚烧而塌陷的。火焚的原因，开始有人说是俑坑内沼气引起的自焚。但在俑坑发掘过程中，没有发现俑坑内堆积大量腐殖质；坑内虽有泥沙，但其质纯净，不具备产生沼气的条件，所以，沼气自焚之说证据不足。还有学者以民俗学和古代丧葬礼仪制度为依据，认为秦兵马俑是秦人自己点火焚烧的，这是秦始皇下葬时的一种自焚的葬仪形式。如果这一观点成立的话，那么所有的陪葬坑都应该采取自焚的方式，但实际上三号俑坑、铜车马陪葬坑都是由于木结构建筑自然腐朽而塌陷的。因此，秦人自焚的说法也难以成立。而秦兵马俑坑距秦始皇陵仅仅1000多米，如果项羽放火，兵马俑坑同时被焚是有可能的。秦始皇死于前210年，到前206年项羽入关，只有5年时间，这和上面的各种考古迹象十分吻合。所以，兵马俑坑被项羽焚烧的可能性非常大，而秦始皇陵则可能在这场劫难中受到一些破坏。

《三辅故事》记载了一个神奇故事：项羽掘秦始皇墓时，忽然有一只金雁飞出，飞向了南方。在三国时代，一日有人给日南太守张善送来礼物，礼物正是这只金雁。这虽然是个传说，却暗示秦始皇陵的文物可能流失过。但是李斯曾经向秦始皇汇报陵墓工程时，说秦始皇陵"凿之不入，烧之不燃，叩之空空，如下无状"，所以项羽虽然纵火，应该没有对秦始皇陵墓造成太大的损害。经过4年楚汉战争，刘邦打败了项羽，建立西汉王朝。前195年，刘邦为了保护秦始皇陵，特意安排20户人家住在秦始皇陵附近，作为专门的守陵人看管秦始皇陵。此后，各朝各代的统治者对秦代帝王陵墓都是持保护态度。宋太祖也曾令当时的临潼县保护和修整秦始皇陵。清朝时，陕西巡抚毕沅还曾在秦始皇陵前立碑。所以项羽之后，发掘秦始皇陵的应该是所谓"天下盗贼"，只属小规模的破坏骚扰活动。

历代统治者都没有因为垂涎宝物而大规模挖掘秦始皇陵，而是普遍对其采取了保护措施，这可能和秦始皇的无上地位与社会心理习惯有紧密关系。自古以来的中国人多认为入土为安，掘墓是大逆不道的暴行，这在春秋时期已经是共识。传说伍子胥当年为报父仇，掘楚平王之墓，对其鞭尸挫骨。好友申包胥曾经批评他"无天道之极"，认为这是典型的倒行逆施、违背人伦的行为，后来伍子胥死于非命。项羽虽因秦亡其国而对秦始皇怀有深仇大恨，但是他毕竟出身于贵族世家，对这种下三烂的事还是不屑于去做的。而刘邦要收天下民心，在入关以后，自然对这个秦帝国的开创者怀有复杂的敬意。以后的统治者从身后的自身下场考虑，也不敢在这个问题上冒天下之大不韪。

目前有资料证明，秦始皇陵地宫四周均有4米厚的宫墙，宫墙还用砖包砌起来，并且找到了若干个通往地宫的甬道，甬道中的五花土并没有人为扰动破坏的迹象；只发现两个直径1米、深度不到9米的盗洞，但均远离地宫，尚未进入秦始皇陵地宫核心之内。此外，秦始皇陵地宫中存在大量水银的事实，更是其未遭到盗掘的有力证据，因为地宫一旦被盗，水银就会顺盗洞挥发掉。由上述理由可以推断，秦始皇陵地宫可能没有遭到毁灭性盗掘。

现在之所以不发掘秦始皇陵墓，主要的原因可能在于技术保护问题。我们的文物政策是以保护性发掘为主。秦陵地宫上方呈边长500米的正方形，如果发掘，需要在上方建设至少500米跨度的保护大厅，而这是难度相当大的工程；加之秦陵地下水丰富，如果贸然挖掘，会有水患问题；而且秦始皇陵封土高大，这也需要巨大的人力，更主要的是封土层中汞含量异常，如何突破汞的封闭层，至今尚无合适的解决办法。

秦始皇陵是世界伟大的奇迹，相信有一天这个谜底一旦解开，一定会有令人瞠目的发现！

1976年5月4日下午3时30分，秦俑馆基建工地热闹非凡，由40多辆汽车组成的国宾车队载着一位重要人物缓缓来到这里，周围的群众闻风而至，路旁筑起了人墙。新加坡总理李光耀兴致勃勃地在试掘土坑中仔细观看了整整40分钟，才恋恋不舍地离开。第二天，报纸纷纷登载李光耀参观秦俑馆工地的消息和照片，并引用了他对兵马俑的评价："这是世界的奇迹，民族的骄傲。""这一伟大的历史文物，寓意着伟大的未来。"这一消息，立刻在国际上引起极大的震动。1978年9

月,法国总理希拉克参观兵马俑后十分感慨地说道:"世界上有七大奇迹,秦兵马俑的发现可以说是第八大奇迹了。不看金字塔,不算真正到过埃及;不看秦俑,不算真正到过中国。"于是"世界第八大奇迹"的说法不胫而走,如今已成为秦兵马俑的代名词。丹麦女王曾为一睹兵马俑真容,毅然跳入坑道。美国总统里根曾要求摸一下马俑的屁股;克林顿总统曾经开玩笑说希望自己能做秦始皇兵马俑博物馆的馆长。在兵马俑参观,下到坑道被视为最高的外交礼遇。1987年,秦始皇陵包括兵马俑坑被列入世界文化遗产,兵马俑也因此成为全人类宝贵的文化财富。

临潼兵马俑坑只是秦始皇陵墓的一个组成部分,它今日名震天下,但是其发现并不见于任何历史记载,是几个农民劳作时在不经意间打破了它们2000多年的睡梦。1974年3月,陵东的西杨村村民杨志发、杨培彦等在抗旱打井时,脚下出现了异常坚硬的红色烧土层。当挖到三四米时,随着几声清脆的"叮当"声,眼前出现一些奇形怪状的陶片,接踵而至的是青砖地面,地面上残存着几架绿锈斑斑的铜弩机和一支支青铜箭镞。就这样,几位普通农民不经意间用铁锹叩开了一座精彩绝伦的古文化宝库大门。

兵马俑在民间并不是没有丝毫的痕迹。其实,以前在这里打井和打墓时发现陶俑并不罕见。临潼当地的万春老人曾讲过这样一件事：他10多岁的时候，父亲挖井，在井壁上见到一个跟真人一样高大的怪物——陶俑，本来井底已见水，水势很旺，但没几天井水就枯竭了。父亲以为是"怪物"兴妖作怪，于是把陶俑吊上来，放在太阳底下晒，结果还不见井中有水；又将陶俑吊在树上用桃枝抽打，最后用棒打碎。陶俑就这样粉身碎骨了。

由于秦始皇建设兵马俑秘而不宣，故一直无人知晓。远在西汉时期，俑坑的上部已经荒芜，地下埋藏的情况已不为大史学家司马迁所知。到了明末清初以至近代，这里已是当地村民的墓地。当地人传说，这里有一个"怪物"，唤作"瓦瓦爷"。每到打墓时它就出现，虽然从未伤过人，但却"兴妖作怪"。可惜1974年以前，这个奇迹错过了无数的机缘，还是长埋黄土之下。

前些年，这几个村民为兵马俑的发现权打起了官司。后来，在秦始皇兵马俑的明信片上，赫然出现了印有"秦俑部分发现人"的4位村民照片，看来他们是赢了官司。其实考古"发现"是个特殊用语，应该是指首先认识到这批文物价值的人。这几个打井人虽然功不可没，但是这种劳动纯属偶然。房树民和其后骑自行车赶到现场的赵康民先生是最早认识到这批文物价值的人；还有蔺安稳记者，他是真正的临潼人，正是他的最早报道拭去了兵马俑的风土尘埃，引起了李先念、徐向前等国家领导人的重视。

1979年10月1日,秦始皇兵马俑博物馆开馆。

秦始皇陵兵马俑坑位于秦始皇陵园东侧1500米处。其主体坐西向东,是世界最大的地下军事博物馆。

最早发现的一号俑坑,呈长方形,东西长约230米,南北宽约62米,深约5米,总面积达14260平方米。一号坑的坑底有一堵堵承重墙,兵马俑排列在这些墙之间。这些墙呈东西走向,每隔3米就有一堵。考古工作者统计,一号坑里发掘出的武士俑有500余件,战车有6乘,驾车马有24匹。此外,还发掘出很多武器,包括青铜兵器,如青铜剑、吴钩、矛、铜戟、箭、弩机等,还包括一些铁制武器。俑坑东端是210个与现代真人身高相仿的陶武士俑。这些陶俑排成3列,每列68人,每行204人。他们的服饰各有特色,代表着不同的身份,面部神态各不相同,都刻画得栩栩如生。其中3个领队身着铠甲,其余士兵均穿短褐,扎裹腿,免盔束发。他们都携带武器,有的挽弓挎箭,有的手执弩机。在这些陶俑后面的,是11条东西向的过洞。过洞里有6000个身着铠甲的陶俑。这些铠甲俑都手执长兵器,如长矛、戈、戟等,与35乘驷马战车排成38列纵队。南北向的两侧,各有武士俑一列。

整体看去,这支队伍非常齐整,武器装备完备,呈现出威风凛凛、气壮山河的气势。

一号俑坑左右各有一个俑坑，现称二号坑和三号坑。东北边的是二号坑，西边是三号坑。

二号坑整体呈曲尺形方阵，东西长约96米，南北宽约84米，总面积约为6000平方米。二号俑坑坐西面东，是3个坑中最为壮观的方阵。据统计，有1300多件陶俑陶马，80余辆战车，数万件青铜兵器。其中的将军俑、鞍马俑的姿势都非常有特点。坑的北边有2条斜坡门道，东西两端各有4条。二号坑后来还新建了陈列大厅，大厅有1.7万平方米，是目前我国规模最大、功能最齐全的现代化遗址陈列厅。

二号坑内布局和一号坑相似，分为4个单元。俑坑内靠东，有一条四周长廊，为第一单元，内有60个立式弩兵俑，阵中心有160个弩兵俑，均为蹲跪式。在俑坑的右边是第二个单元，是一个战车方阵（车系木质，仅留遗迹），由64乘战车组成。战车共有8列，每列8乘，战车前有陶马4匹，与真马大小相似。每辆战车后面有3个兵俑，他们一字排列，中间的驭者拉马辔，另两个手持长柄兵器，立于车左和车右。第三单元位于中部，是一个长方形方阵，由19乘战车、264个步兵俑和8个骑士俑组成。战车陶马前都立有1个骑士俑，骑士俑一手拉弓，一手牵马。每乘车上有3个俑，车后跟随步兵俑8~36个。第四单元位于方阵的左边，是一个长方形骑兵阵。这个长方形的兵阵包括108个骑士俑、180匹陶鞍马俑。他们组成的兵阵中,第一、第三列由6乘战车组成。陶马前的骑士俑着胡服,左手持弓,右手牵马。

三号俑坑呈"凹"字形,规模较小,总面积约为520平方米。坑门前有一乘战车,内有武士俑68个。

四号俑坑有坑无俑,只有回填的泥土。

兵马俑中有几种很特殊的俑引人注目:

划船(箕踞)陶俑是2002年发现的,它是向前伸开两腿而坐的男性俑。两手前伸,右手手背与左手手心朝上,似握有某物。头结发髻,其上戴有头巾,着厚衣,脚上似乎穿着厚袜。根据迄今已发表的资料,在秦陵K0007坑中,这种姿势的俑已发现7件,专家们尚不清楚这种姿势的俑到底是在做什么,有人认为是在做划船之态。

文吏俑是2001年出土的,系用陶土素烧后再施以颜料而成,大小、形态与真人相识。下身着长裤,上身着上衣。头戴冠饰,两只手置于袖子中,一副毕恭毕敬的儒雅模样。

百戏俑1999年出土,同时发现有11件上半身裸体的百戏陶俑。这些陶俑上半身裸露着,下半身穿彩色短裙,足部裸露,蓄有胡须,没有冠饰,俑的身材各不相同,姿势各式各样。

从秦俑坑出土兵器的刻记年号看,兵马俑从葬坑是秦始皇统一中国前后修建的。秦代盛行厚葬之风，他们认为灵魂不死，应对亡灵报以隆重的礼遇。秦始皇陵兵马俑真实反映了秦人"事死如事生"的地下世界观。殷人认为人死后灵魂升天，会伴随在帝之左右，所以他们的信仰是帝。周人则认为人死后灵魂分离，"魂气归于天，形魄归于地"，也就是认为人死后躯壳留在人间，灵魂则会升天。在楚国人的观念里，灵魂升天是普遍的认识，这可从发掘的墓葬得到佐证，出土的楚墓帛画里面，就有很多主题被解释为逝者灵魂在神物的引导下升天。秦人的灵魂观，认为人死后灵魂和尸体是息息相关的，灵魂没有离开尸体，而是依然栖息在尸体中，与尸体长伴，所以秦人更加注重"事死如事生"，而"事死"讲究的是吉祥如意。

俑本来是古代用于陪葬的偶人，庄子称之为"象人"，日本语中将俑称为"人形"。《礼记·檀弓》内有孔子"谓为俑者不仁"，宋代的大儒朱熹注云："俑，从葬木偶人也。古之葬者，束草为人以为从卫，谓之刍灵。略似人形而已。中古易之以俑，则有面目机发，而大似人矣。故孔子恶其不仁……"孔子曾经愤怒地说："始作俑者，其无后乎！"看来秦始皇的确是被孔子诅咒了。用俑陪葬"事死"，其实是一种较文明时代的产物。陪葬开始是和人殉这种行为密切联系的，人殉可以溯源到远古时代的"献爱"风俗——死去的人会挑选自己喜爱之人死后陪伴，因此那些氏族首领及显贵死后，往往殉葬自己的妻妾或者子女，因为人殉是殉者和被殉者生前关系的继续。秦国在春秋秦武公时期才接受了殉葬制度，到战国秦献公时期已经废除了野蛮的人殉，这是诸侯中最早的人本文明措施之一，也是中国人权史上最为辉煌的篇章。此后改用俑替代活人来殉葬变得十分普遍。秦始皇"恶言死"，统治全国后，不遗余力寻求长生不老的圣药。徐福故弄玄虚，骗了五百童男童女去寻找东海三山。但是死亡毕竟是无法阻挡的，所以用兵马俑侍奉自己就是自然而然的了。

秦始皇的人生理想是"六王毕，四海一"，他已经把自己看作历史的终结者了。贾谊在《过秦论》中就形象地描绘了秦始皇的内心："秦王之心，自以为关中之固，金城千里，子孙帝王万世之业也。"他认为自己已经实现了"太平强盛"，要使"后无战攻之患""黔首安宁，不用兵革"，因此才"收天下之兵，聚之咸阳，销锋铸鐻以为金人十二"。他墓葬中的兵马俑方阵体现的并不是他征伐的观念，而是反映了他万世太平的理想，表现着他在阴间依然统治世界的美好愿望。

秦始皇凭借自己"挥剑决浮云""席卷天下，包举宇内"的气魄，灭六国，一统天下。兵马俑并不是反映秦帝国的军阵，而是如实反映了秦王朝军政合一的独特气质，给我们展示的是专制主义君主警卫系统的庞大。《史记·秦始皇本纪》记载："三十一年十二月……始皇为微行咸阳，与武士四人俱，夜出逢盗兰池……""与武士四人俱"是一个紧要但却被广泛忽视的材料，"四"的编制应该是皇帝贴身警卫系统的单位。商鞅变法推行"什伍制度"，秦国军民合一，在军队上也是"什伍"的军事人员编制，而我们在兵马俑坑里，看到的却恰恰与之矛盾，俑是以"四"为单位的：三号坑武士俑68个。一号坑所谓的"前锋"有步兵俑204个，每列68个。二号坑每路纵队有跪射俑20个，方阵立式步兵俑172个，战车8列，每列战车8乘；二号坑第四个小阵计有战车6乘，骑士俑108个，排成11列横队，第2列及4—11列为骑兵，每列有骑兵俑3组，每组4骑，共12骑。这证明兵马俑表现的是秦始皇的亲近警卫系统。

《商君书·境内》给出了秦的卫士制度：500人的带兵官及其以上，六百石的行政官及其以上，各拥有数目不等的卫士，将帅最高者配给4000人。秦二世胡亥曾经说过："我虽然尊称万乘，但事实却不是如此。我准备制造可以承载1000人的车驾，跟随1万乘随从，来证实我的名号。"秦始皇的卫队到底有多少人，我们没有历史文献可查，但兵马俑的发现，让我们看到了这个庞大系统的编制和风貌。

兵马俑并不是为了表彰军功，也不像有些学者认为的"防身驱鬼",而只是展示秦帝国礼仪的祭祀物品,是秦的中枢政治机构系统的还原。秦帝国是以军功贵族阶层为主体的政治血缘集团。郎卫,作为一级贵族,是秦政权的坚实骨干。郎卫系统,其实得名于"廊",在秦始皇陵就正好发现了丽山园城垣内外两侧各有廊坊。所谓郎中、外郎,看来不过是以城垣墙体内外两侧的房屋建筑而区分的。秦始皇将所倚重的郎卫塑造成俑,是希望丽山园成为天人合一、歌舞升平的大秦政治中枢,以永恒景象长存,所以各个兵马俑坑都是意有所指:一号坑是卫尉系统,寓意丽山园咸阳宫城;二号坑是郎中令系统,对应宫厩;三号坑是奉常系统,寓意宗庙;四号坑对应祭祀场所,其中的廊与直道,是供出入与举行礼仪盛典的基本凭借。

秦始皇兵马俑并非传统所认为的军阵,而是秦帝国的政治中枢象征。这必须站在始皇陵丽山园系统之中才能看到真相。"不识庐山真面目,只缘身在此山中",只有当我们跳出来,才会恍然大悟。古代,国有国礼,军有军礼,兵马俑首先应该属于国礼,而秦的国礼向来是被学者所忽视的。《史记·礼书》对秦的礼仪有所解说:"周衰,礼废乐坏……至秦有天下,悉内六国礼仪,采择其善,虽不合圣制,其尊君抑臣,朝廷济济,依古以来。至于高祖,光有四海,叔孙通颇有所增益减损,大抵皆袭秦故。"汉承秦制,近年来已成学术共识，而秦礼乐治国，一直是很先进的文化之邦，兵马俑并非只是在炫耀秦始皇的强大军力，如果我们从此出发，也许会明晓兵马俑四号坑的真正内涵。

兵马俑中士兵俑的身高在175～200厘米，被称为"羊群中跑出的骆驼"。秦之全民皆兵，作战的服饰需要百姓自备，南北朝时期《木兰诗》中所唱的"东市买骏马，西市买鞍鞯，南市买辔头，北市买长鞭"，虽然年代后些，但是反映的史实还是一致的。有学者研究认为，秦汉民众身高165～168厘米，兵马俑的身高让人叹为观止，如此整齐的装备也不可思议，不戴头盔，清一色着石质铠甲，多是铜制兵器。这些从文献来看，只会是军官将领的特权，只能是精英卫队的荣誉。从兵马俑身上，我们可以发现大秦帝国的政治中枢不仅具有西戎和中原民族的双重血统，而且还拥有稳定的血亲宗室结构。

兵马俑是秦代审美艺术的集中体现。秦代的审美是朴素、悲壮的。秦兵马俑皆仿真人、真马制成，他们排列有序、整齐划一又富于变化。陶俑按兵种的不同分为步兵俑、骑兵俑、车兵俑、弓弩手、将军俑等。兵马俑的身高较真人高，看来2000多年前的秦人已经掌握了雕塑艺术的视觉规律。他们体格魁伟，体态匀称，装束、神态各异；发式丰富，手势多样，脸部神态各异，从他们的装束、表情和手势就能判断出他们的身份是将还是兵，是步兵还是骑兵。步兵俑身着战袍，背着弓箭；骑兵俑大多一手执缰绳，一手持弓箭，身着短甲、紧口裤，足蹬长统马靴；车兵俑有驭手和军士两种，驭手居中，驾驭着战车，军士分列战车两侧，保护驭手；弓弩手张弓搭箭，凝视前方，或立姿，或跪姿；将军俑神态自若，表现出临阵不惊的大将风度；陶马高1.5米，长2米，体形健硕，肌肉丰满，昂首伫立，鬃毛分飞，表情机警敏捷，栩栩如生；武士俑气质表情各异，服饰、穿戴、脸型、发式等也各具特色，甚至连鞋底的针眼也真实再现，堪称"千人千面"。

整体而言，兵马俑主要表现了审美上的气势恢宏、逼真写实。逼真写实是兵马俑的主要特色，雕塑群像如实排列，军官们携带的武器都是真实的，并不是仿制品。兵马俑逼真地呈现了秦中枢政治机构的宏大和无敌于天下的精神。秦兵马俑是慷慨悲壮的，是肃穆真实的。兵马俑是秦文化艺术的独特创造，是在继承周文化的写实主义传统基础上的超越，从而达到了时代的巅峰。有人说："一切体会都在欣赏之中。"千人千面引起了英国学者摩利斯·科特曼的注意，他认为兵马俑的脸型、头型、发式对应"日、甲、用、申、由、自、目、风、田、国这10个汉字，表现了一种太阳崇拜。这种说法的科学性还有待验证，但毋庸置疑的是，这批兵马俑是雕塑艺术的宝库，是世界上最庞大的雕塑群，为中华民族灿烂的古老文化增添了光彩，也给世界艺术史补充了光辉的一页。曾有人说："世界雕塑史学的作者都为自己的著作出版于1974年以前而感到悔恨。他们错过了世界雕塑史上一件意义非凡的大事。"

秦兵马俑也集中体现了秦帝国高超的工业水平。据一些学者研究，兵马俑在制作上并不是开始就做好人和马，而是头、手、躯干分别制作完成后，再进行拼装。先是做成很多模具，再用它做成粗胎，然后再覆泥修饰，最后烧制、绘彩。这些兵俑都受火均匀，显示了卓绝的制陶技术。这些兵马俑都是谁制造的呢？在兵马俑身上的衣裙和腋窝下，考古工作者发现了晏丙、宫强等制作者的名字，统计约为85人，应该就是这些手艺人完成了这项举世瞩目的工程。

兵马俑二号坑里出土的青铜兵器有剑、矛、戟、弯刀以及大量的弩机、箭头等。青铜剑共计19把，其长度为86厘米，剑身8个棱面。考古学家用游标卡尺测量，这8个棱面误差不足一根发丝。这些剑内部组织致密，剑身光亮平滑，剑表面有一层10微米厚的铬盐化合物。其中还有一把韧性不变的铜剑，当时被一尊重数百千克的陶俑压弯，呈45度，但是移开这尊陶俑后，铜剑迅速恢复如初。这种冶金专家梦寐以求的"形态记忆合金"的出现，令人感叹！化验数据表明，这些铜锡合金兵器经过了铬化处理，而电铬技术是20世纪美国人的发明。很难想象，2000多年前秦人是如何实现这一20世纪以后的高科技的。尤其是1980年发掘出土的一组大型两乘彩绘铜车马——高车和安车，是迄今中国发现的体形最大、装饰最华丽、结构和系驾最逼真最完整的古代铜车马，被誉为"青铜之冠"。它们出土时，金碧辉煌，毫不褪色。它们都是单辕双轮，超大、超长、超薄的车盖是浇注成型的，其工序复杂，令人惊叹；有可以开启的前窗户和可以滑动的侧窗，应该是起控制空气流通的作用；而且两车通过在车舆下设置类似于今天弹簧钢板的特别构件，防止左右倾斜、颠覆，具备一定的减震功能。二号车后舆底部近似方形，横宽78厘米，前后纵长88厘米，有一个近似全密闭的车厢。这件车马设计之精巧，即使是今天的工艺水平也是望尘莫及。

秦俑彩绘用料基本上都是天然品，而铜车马紫色用料是硅酸铜钡。这种元素自然界是没有的，直到20世纪80年代才人工合成出来，而秦人却神奇地掌握了这种技艺。这件车马应该是接引秦始皇升天巡游的。《楚辞·远游》说"载营魄而登霞兮，掩浮云而上征"，秦始皇帝正是依靠这辆车达到仙境以寻仙问药、追求长生不老的。

兵马俑整齐划一，车辆鬼斧神工，如此精湛的技术，源于秦人在军器工业上实行的明确的责任制度。他们首先在各诸侯国中使用标准化生产方式，也就是在军品生产中实行责任制，军器上要写明工匠姓名、督工姓名以及主管姓名，这样层层负责、关系明确，如果军器出现质量问题，责任人都要受到惩罚。全国几百万将士所用的武器都是按照一个标准制造的，这样就方便了部件的更换和保养。这再一次验证了秦人的先进生产力才是秦帝国统一天下的基础。

在兵马俑身上，我们对秦的灭亡认识会更为深刻。兵马俑是郎卫政治中枢，二世胡亥的最终命运也和这个郎卫系统息息相关。

环绕宫城墙体的"廊坊"也叫"周庐"。一旦突破这一层，秦二世就一命呜呼了。秦二世和秦的江山覆灭，正是在于秦帝国对赖以安身立命的郎卫军功贵族系统的最终放弃。

当时，赵高让郎中令做内应，谎称有大盗，命令阎乐召集官吏发兵追捕，并劫持了阎乐的母亲，安置到自己府中当人质，以便控制阎乐。阎乐带领官兵1000多人在望夷宫殿门前捆绑卫令仆射，喝问道："盗贼从这里进去了，为什么不阻止？"卫令坚决称不可能，阎乐不由分说斩了卫令，带领官兵径直冲进去，并频频射箭。郎官、宦官大为吃惊，有的逃跑有的反抗，因反抗而死的有几十人。郎中令和阎乐一同冲进去，用箭射中了秦二世的帷帐。秦二世很生气，召唤左右，但他们都慌作一团。旁边一个服侍秦二世的宦官不敢离开,秦二世进入内宫问他:"你为什么不早告诉我竟到了现在这种地步?!"宦官说:"微臣没敢说,才得以保住性命;如果早说,我们这班人早都被您杀了,怎能活到现在?"阎乐走上前去,历数秦二世的罪状:"你骄横放纵,肆意诛杀,不讲道理,天下的人都背叛了你,怎么办你自己考虑吧!"秦二世说:"我可以见丞相吗?"阎乐说:"不行。"秦二世说:"我希望得到一个郡做个王。"阎乐不答应。秦二世接着说:"我希望做个万户侯。"阎乐还是不答应。秦二世又说:"我愿意和妻子儿女去做普通百姓,跟诸公子一样。"阎乐说:"我是奉丞相之命,为天下人来诛杀你。你即使说再多的话,我也不敢替你回报。"于是指挥士兵上前。秦二世只得自杀。

秦始皇去世后,凶暴成性的秦二世让后宫妃嫔没有子女的全部殉葬。因为担心制造机械的工匠将墓中所藏宝物的秘密泄露出去,下葬完毕,秦二世就封闭了墓道的中间一道门,又把墓地最外面的一道门放下来,工匠们全部被封闭在里边,没有一个能出来的。除了滥杀百姓,秦二世对亲贵也毫不留情,随意杀伐,他诛杀了大臣和皇子们,制造罪名连带拘捕近侍小臣,中郎、外郎、散郎没有一个得以免罪,"公子十二人戮死咸阳市,十公主磔死于杜"。

# 结　　语

关中平原，千里锦绣，古号"土膏""陆海""沃野"，其地黄壤，自古被视为沃土福地。这里镌刻着十三个王朝的繁华旧梦，存留着一幕幕威武雄壮的历史记忆；这里是中华民族诞生的摇篮，更是先民生生不息的乐土。

在中华民族发展的滚滚长河中，长安这座城市无疑是一朵璀璨的浪花，长安这座城市的文化无疑是最为独特的奇峰。若要寻根中华文化，我们必须观照这座城市，人类迈向未来的蹒跚脚步当从这座城市出发，因为长安是中华文化系列嬗变的第一坐标和第一道光芒，中华民族的历史、性格最初就是在长安铸就的。

长安，西周时期被称为镐京，秦代则称之咸阳，以

"长安"这两个字作为行政名称，最初是因为秦帝国有长安乡。前202年，刘邦消灭项羽，建汉立国，定都于此，觉得这两个字吉祥如意，因此命名。长，为元亨利贞，意味一切如意；安，是家中有女，意味和谐稳定。长安为求安求稳的意思。

长安，长治久安，吉祥如意，这两个字像中国人内心的一面镜子，真实反映了先民对理想社会生活的深情向往，希望于这座城市实现人类社会的大同理想。

建都于长安的周、秦、汉、唐王朝，都是中华历史上政治、文化、经济繁荣发达的时期，这些王朝无一不推行与民休息、劝课农桑的经济政策，这都和先民所从事、所依靠的农业文明息息相关。

长安文化绵延千年之久，长安这个城市毫无争议是千年以前传统中国舞台的中心，长安铸就了中华文明的主体精神和独特气质，长安文化是中华文化体系里最为关键的一环。

西安曲江出版传媒股份有限公司出版的《史说长安》是一套六卷本的系列丛书，其中的这本《上古周秦卷》是由我执笔撰写的，原因一是西安曲江出版传媒股份有限公司对我的信任，二是我学习的内容正好是这一历史阶段。

周、秦是长安这座城市的肇造阶段，也是中华文明的第一个巅峰时期，周、秦是中华民族的发展初期出现的两个大一统盛世。周确立了礼乐政治，以德治国；秦强调了行政机制，以法治国。周一统天下，国祚绵延，号称有800年之久；秦两代而亡，国祚只有20余年。周的统一，是封建贵族联合政体的胜利；秦的统一，是官僚中央集权政体的胜利。"五百年必有王者兴"，在五行相生相克理论中，周是火德，秦为水德。水火似乎不能相容，其实并不是这样。以德治国和以法治国，两个朝代，代表了中国文化的两极，那就是德威并重、明德慎罚的思维。东方中国经此两个阶段，终于如旭日一样出现在世界上，成为东方世界的灯塔。

周秦时代，为中国乃至东方社会的治理体系确立了价值观。西周代表的王道政治是理想，以至于孔子孜孜以求，惶惶如丧家之犬般做梦；而秦代表的霸道政治则是现实。当商鞅和秦孝公对话，王道政治的说辞只能使得这位最高统治者昏昏欲睡，而一说到霸道，秦孝公立刻亢奋起来了。

现实主义和理想主义的辩证统一是国际治理学说中必须面对的问题。西周讲究《诗经》，《诗经》温柔敦厚，因此周的治国理念多是温润如玉的。《吕氏春秋》本想打造天下一统的治国安民学说，却归于失败。秦文化虽然雄浑，但强调实用主义的因素，终于扼杀了这场文化转型，单纯地依靠暴力统治只能让秦帝国迅速灭亡。及至西汉，陆贾喊出了"居马上得之，宁可以马上治之乎"的疑问，窦太后大倡黄老无为之学，文景之治的局面持续了一段时间。其后汉武帝改弦更张，开始了"罢黜百家，独尊儒术"的历史，使得儒学开始居于国家政治伦理的主导地位。但从骨子里，一如汉宣帝教育儿子汉元帝所说的"王霸并用"，儒家为表，法家为里，外柔而内厉。经过历史的洗涤，王霸政治最终成为中国文化的底色。

先秦时代的长安，因为周、秦两大统一王朝建都于此，开始成为璀璨的城市星座。周更多是给这座城市带来了温柔敦厚的梦境，秦则给这座城市注入了活力和能量……大批的历史风流人物在这里上演着一幕幕的历史记忆，并为我们开创了曾经的盛世辉煌。

若论东方世界与西方文明的显著不同，那就是东方是礼乐文明所搭筑起来的宏伟工程。周、秦的长安，无疑是中国梦最初开始的地方，正所谓"礼乐中国寻初梦，咸宁盛地向辉煌"。

王向辉